国語科重要教材の授業づくり

たしかな教材研究で読み手を育てる

# 「ごんぎつね」の授業

実践国語教師の会 監修
立石泰之 著

JN176895

明治図書

# はじめに

今、日本の教育は激動の時代にあります。知識基盤社会化、グローバル化に対応すべく、世界に照準を合わせた教育改革が行われ、未来に生きる子どもたちの資質・能力の育成に向けて様々な政策が打ち出されています。学校現場では、新たな教科等の実施やＩＣＴ教育設備の活用など、従来の授業のあり方の見直しが求められています。

しかし、どんなに教育を取り巻く状況や授業の方法が変化しても変わらないものもあります。それは、学習者としての「子ども」、指導者としての「教師」、両者を関わらせる学習内容としての「教材」という三つの要素が授業の成立には不可欠だということです。

そして、子どもたちが主体的に学習する原動力となるのは、やはり課題意識です。教科の本質や内容に迫る子どもたちの問いをいかにしてつくり出すか、教師の力が問われています。

では、どのようなものが価値ある問いであり、その問いをつくり出させるために教師は何をすればいいのでしょうか。

それには、まず何よりも教師の教材を分析する力が必要です。授業を構成する要素である教材を分析し、その「価値」を教師が見出すことができなければ、授業の中で子どもたちに気づかせたり、考えさせたりすることはできません。

現在、使用されている国語の教科書には、長い間掲載されてきた文学教材が数多くあります。

なぜ、これらの文学教材は、多くの教師や学校現場で支持され続けてきたのでしょうか。それは、その教材で子どもたちを学習させる「価値」を多くの教師が感じてきたからに他なりません。そして、多くの先達が、その「価値」に子どもたちを迫らせるための読ませ方を研究・実践してきました。

本シリーズでは、そのような教材を国語科における「重要文学教材」と位置づけ、教材分析・解釈を通してそれらの教材の「価値」に迫るとともに、どのようにしてその「価値」に迫る読み方を子どもたちにさせていくか、授業づくりのステップに合わせて構成しています。

本シリーズは、基本的に次のような三つの章で成り立っています。

第一章　教材を分析・解釈する力を高めよう
第二章　指導方法を構想する力を高めよう
第三章　板書と思考の流れで展開がわかる授業

本シリーズを読み、読者のみなさんにもいっしょに考えていただくことで、今後の授業づくりの一助になれば幸いです。

立石　泰之

# 目次

第2章

## 指導方法を構想する力を高めよう

〈注〉本書で使用している教科書は、すべて平成27年度版光村図書4年下です。

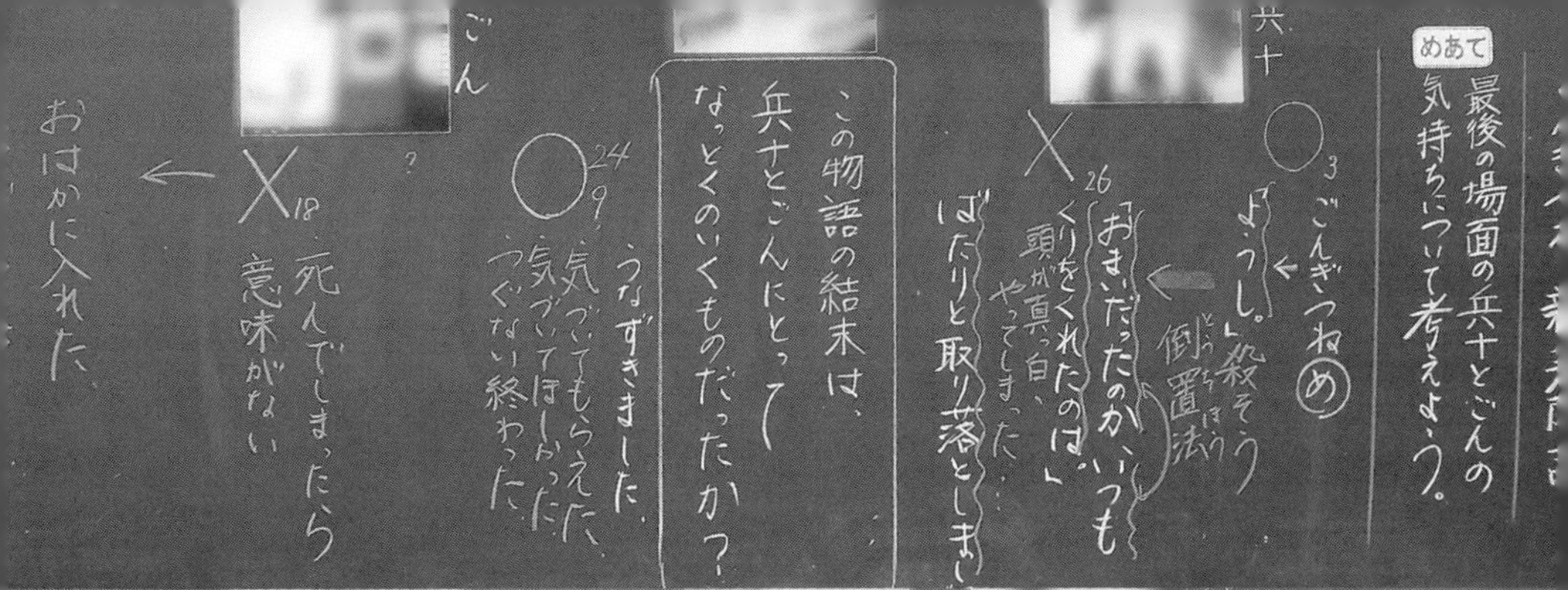


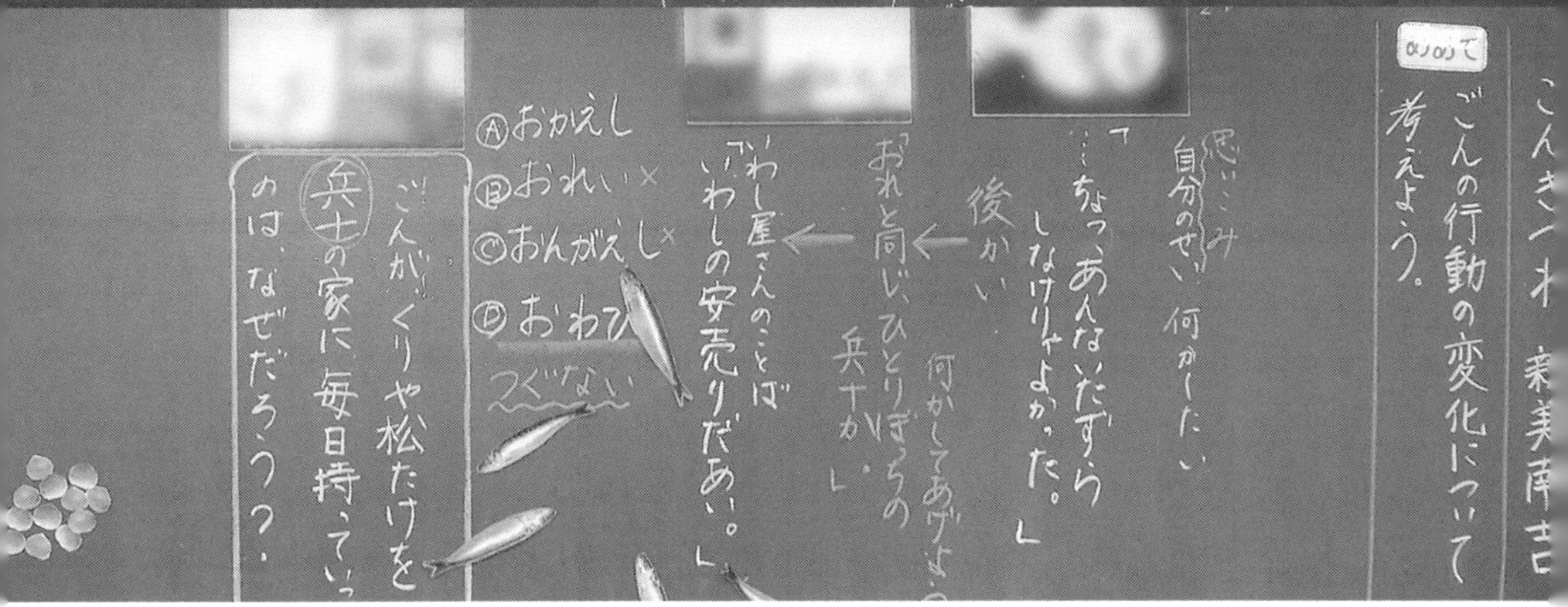


# 第１章

# 教材を分析・解釈する力を高めよう

1

# 読者として教材と出合おう

教材研究とは、**「教材の分析・解釈」**と**「指導方法の構想」**のことです。指導方法を構想していくためには、何よりもしっかりとした教材の分析・解釈が重要です。

私たち教師は、授業を計画する際に、まず指導すべきこと、教えるべきことは何かを探しがちです。手っ取り早いのは、教科書の指導書を開くことでしょう。指導書を見れば、単元だけでなく、一単位時間の目標もすぐにわかります。また、教材の中の重要な語句やその意味までも解説してあり、大変便利です。十分に教材研究されている指導書に書いてある指導案通りの授業を行っていくことで、指導者としては安心することができます。

しかし、そのような授業を積み重ねていくことは、授業づくりにおける多くの弊害を生み出しかねません。

第一に、子どもたちが授業を楽しいと感じなくなります。一体、なぜでしょう。

それは、指導者の目線で授業がつくられているからです。指導者の目線でつくられた授業は、誘導的になりがちです。子どもたちに「言わせよう」「気づかせよう」とするあまり、結果的に子どもたちが自分の解釈について考えるのではなく、指導者の頭の中にあることばを言い当てることに躍起になってしまうことがしばしばあります。そうなると、少数の理解できる子だけが発言する授業になってしまいがちです。

第二に、「何を指導すべきか」から始まる教材分析を行っていくと、物語を読む読者の心の動きや感動を感じにくくなります。

教科書に掲載されている物語の多くは、教材にするために書かれたものではありません。文学は、私たち読者に読むことを通して、他者と出会わせ、自己を見つめさせ、人間の本質を感じ取らせます。教室の子どもたちもまた教材として文学と出会い、読者として心を動かされています。そして、学習へと突き進む原動力を得るのです。その心の動きを理解することこそ、学習者である子どもたちの目線で授業をつくる力へとつながっていきます。

▲指導者として出合う
文学の教材研究のスタート

▲読者として出合う
文学の教材研究のスタート

第三に、教科書の指導書任せの教材研究を続けていくことで、指導者自身の教材を分析・解釈する力を高められなくなります。

文学的な文章は、すべてのことばがつながり合い、響き合って、物語の世界を読者の頭の中に描き出します。物語を読んで生まれた一つの感情やイメージは、いくつもの文章中のことばがつながって生まれたものです。指導者自身が一人の読者として物語と向き合い、自分の中に生まれた感情やイメージがどのことばから生まれてきたものかを考え、その理由を考えていくことこそが教材を分析・解釈する力へとつながっていくのです。そうすれば、教科書の指導書に載っている重要語句が挙げられている理由もわかるようになりますし、指導書に頼らなくても指導者自身で見つけられるようになっていきます。

教材研究のスタートは、まず一人の読者として作品を読んでみましょう。そして、心に感じたことの根拠と理由を作品の中に探していきましょう。

## 2 教材「ごんぎつね」を読み解こう

まず、「ごんぎつね」を読んでみましょう。指導者として解説つきの教材文を読むのではなく、一人の読者として物語「ごんぎつね」を読みます。あなたの心にどんな感情や思いが浮かんできましたか。

「ごんぎつね」を読むと、多くの読者の心の中に「悲しい」「切ない」という感情が湧き上がってきます。このことは、大人だけでなく、学習者である子どもたちも同じです。初めて「ごんぎつね」を読んだ子どもたちの感想の一部をご紹介します。

Ⓐ「ごんぎつね」を読んで、最後がとても悲しいなあと思いました。そして、「ごん、おまいだったのか、いつも、くりをくれたのは。」のところで、ごんがくりなどを持ってきてくれたことに兵十が気づいたところが一番心に残りました。兵十はごんをうったことをきっと後かいしているだろうなあと思います。

Ⓑごんは、最初はいたずらばっかりして悪いきつねだと思ったけど、最後にはすごくやさしくなっていて感動しました。毎日、くりやまつたけを持って行って、やさしいなあと思いました。

**Ⓒごんが殺されてしまうところが心に残りました。わけは、殺されていいのか、死んだらだめなのか分からなかったからです。**

Ａの感想を書いている子は、物語の状況が大きく変化する山場である最後の場面が心に残ったようです。多くの読者は、この最後の場面で衝撃を受けます。また、Ｂの感想を書いた子は、ごんの変化について気づいています。しかし、その変化を「優しさ」という一面でしかとらえられていません。Ｃの感想を書いた子は、作品を読んで、「こんな結末でいいのだろうか」と批判的に感じ取っています。

この読み終えた後の重たい気持ちや胸を締めつけられるような感じ、やりきれない思いが、その後の作品を読んでいく原動力となっていきます。

いかがでしょうか。初めて「ごんぎつね」を読んだ四年生の子たちも私たち大人と変わらないような感想をもっていると思いませんか。一体、なぜでしょうか。それは、作品の中に私たち読者にそう感じさせる「しかけ」があるからなのです。

では、なぜ多くの読者の中にこのような悲しみの感情が湧き上がってくるのか、そのひみつについて教材を分析・解釈していきましょう。

新美南吉の作品である「ごんぎつね」が初めて教科書に登載されたのは、昭和三一年。今から五十年以上も前のことです。長い間、人々に愛され続けてきた本作品は、現在ではすべての教科書で採用される教材となりました。

物語は、中心人物である「ごん」の心の動きを描きながら展開していきます。いたずらぎつねであったごんの変容に大きな影響を与える人物である対人物として登場するのが「兵十」です。「ごんぎつね」は、簡単に言えば、孤独ないたずらぎつねだったごんが、兵十へのいたずらに対してつぐない続けるきつねへと変容し、両者の心のすれ違いが悲劇的な結末へとつながる物語です。

「ごんぎつね」が、なぜわたしたち読者の心を打つのか――、その視点から作品を読んでみましょう。

## (1) 主人公「ごん」の設定を読もう

**中心人物であるごんの変化について考えてみましょう。人物の変化を考えるためには、最初にどんな人物であったか、その「設定」を読むことが大切になります。**

まず、物語の舞台について考えてみましょう。

物語は、語り手である「わたし」が登場し、小さい頃に村の茂平というおじいさんから聞いた話を語る形で進行します。話の舞台は、「中山様」というお殿様がいた時代、つまり江戸時代以前であり、現代から考えれば約百五十年以上も前から語り継がれた話ということになります。

次に、ごんの設定についてです。ごんについては、左のようなことが書かれています。

「ごんは、ひとりぼっちの小ぎつねで、しだのいっぱいしげった森の中に、あなをほって住んでいました。」

## ●ごんの年齢は？

この「小ぎつね」については、ごんの年齢に関わると思われる表現ですが、子どもたちはよく感情移入してしまい、自分たちと同じ年頃の「子どものきつね」だと思い込みます。しかし、物語の中のごんは、川で魚を捕る兵十を見て「兵十だな。」と判断しますし、弥助の家内のお歯黒や新兵衛の家内の髪をすく姿を見て、「村に何かあるんだな。」と思います。次に、「何だろう、秋祭りかな。祭りなら、たいこや笛の音がしそうなものだ。それにだいいち、お宮にのぼりが立つはずだが。」と考えます。

ごんは、ひとりぼっちの小ぎつねで、しだのいっぱいしげった森の中に、あなをほって住んでいました。
夜でも昼でも、辺りの村へ出てきて、いたずらばかりしました。

**ごんの年齢**

村人や風習についてよく知っているごんは、子どもではなく青年ぐらいのきつねで、体の小さなきつねなのだろう。

・「祭りなら、たいこや笛の音がしそうなものだ。それにだいいち、お宮にのぼりが立つはずだが。」

・『手ぶくろを買いに』の「子ぎつね」と「小ぎつね」の比較

**ごんの境遇**

ごんは、独りでいることの寂しさを感じながら生きている。

・「おれと同じ、ひとりぼっちの兵十か。」

**いたずらをするごん**

「いたずら」は寂しい気持ちを紛らわすための方法（自覚はしていない）であり、村人と関わる唯一の方法だったのかもしれない。

・「ちょいと、いたずらがしたくなった」

・「こないだ、うなぎをぬすみやがったあのごんぎつねめが、またいたずらをしに来たな。」

また、兵十の家に大勢の人が集まり、よそ行きの着物を着て、腰に手ぬぐいを下げたりした女たちが、表のかまどで火を焚き、大きな鍋で何かを煮ているのを見て、「ああ、そうしきだ。」と気づくのです。

それだけではありません。白い裃《かみしも》をつけて位牌をささげた兵十を見て、「ははん、死んだのは、兵十のおっかあだ。」と理解します。

ごんは、村の風習に詳しく、村人の家族構成まで知っています。このようなごんが「子どものきつね」だと考えるのは、不自然です。

同じ新美南吉の作品である「手ぶくろを買いに」には「子ぎつね」が登場します。そのきつねは、人間というものを知りませんし、雪さえも見たことがない「子どものきつね」として描かれています。比較すれば、ごんが子どもではない設定で描かれていることがわかるでしょう。

ごんは、いたずら好きの無邪気な子どものきつねではないのです。どちらかと言えば、その境遇から体が大きくなりきれなかった「小ぎつね」で、兵十と同じくらいの青年であると考えた方が、ごんの孤独感や兵十への共感も読者にはより深く感じられます。読者として物語の感動がより深まるのではないでしょうか。

## ●ごんはどんな境遇にいるの?

ごんは、「ひとりぼっち」であり、「しだのいっぱいしげった森の中に、あなをほって住んでいました」と書かれています。「ひとりぼっち」ということばには、仲間や頼る人のいない孤独感が含まれています。

では、ごんは「ひとりぼっち」を自覚し、孤独を感じているのでしょうか。第三場面に、おっかあを亡くして一人で生活する兵十を見て、ごんは、「おれと同じ、ひとりぼっちの兵十か。」と心の中でつぶやきます。このことから、ごんは独りでいることの寂しさを感じながら生きていることがわかります。

また、ごんの暮らす場所には、シダ植物が多く茂っているとありますが、シダ植物の多くは、ほとんど日の当たらない日陰で、水分の多い湿った場所に繁殖します。ごんの巣穴は決して居心地のいい場所ではなかったでしょう。

毎日、暗く湿った巣穴で寝ているひとりぼっちのごん。その姿のイメージが、その後の兵十の孤独に共感し、「つぐない」をし続けるごんの姿に結びついていくことになります。

## ●ごんのいたずらの意味は？

ごんは、「夜でも昼でも、辺りの村へ出てきて、いたずらばかり」していました。

ごんはなぜ「いたずら」をするのでしょうか。「ひとりぼっち」の寂しさを抱えたごんにとって、「いたずら」は寂しい気持ちを紛らわすための方法であり、村人と関わる唯一の方法だったのかもしれません。その気持ちをごんはおそらく自覚してはいなかったでしょう。

「いたずら」という表現には、軽い気持ちで悪ふざけをして、人を困らせたり慌てさせたりする意味が含まれています。しかし、ごんがいたずらした内容は「畑へ入っていもをほり散らしたり、菜種がらのほしてあるのへ火をつけたり、百姓家のうら手につるしてあるとんがらしをむしり取っていったり」と、百姓の生活の糧である作物を意図的に荒らしています。百姓にとってはいたずら程度のものではなく、犯罪に近い悪行です。

第六場面に兵十の心の中のことばとして、「こないだ、うなぎをぬすみやがったあのごんぎつねめが、またいたずらをしに来たな。」とあります。ここから、何度も悪行を繰り返し、自分たち百姓の生活に大きな損害を与えるきつねに、村の人たちは「ごんぎつね」という名前をつけていることがわかります。ごんは、村人からの憎まれ役としてのみ「存在」することができたのです。

ごんの「いたずら」は、計画的なものでもなく、いたずらをされた相手のことを深く傷つけようとして行っていたものでもなかったでしょう。その証拠に、第一場面には、ごんは何日も降り続いた雨の後で、ようやく外に出ると、たまたま川で魚を捕っていた兵十がいなくなったのを見て、「ちょいと、いたずらがしたくなった」とあります。二、三日間続いた雨のために外に出られなかった鬱憤と外に出られた解放感とで、ごんが衝動的にしようとした「いたずら」は、兵十が捕まえた魚をただ川へ逃がそうとすることでした。しかし、最後のうなぎが首に巻きついたため、結果的にうなぎを盗んだことになってしまったのです。

## (2)「ごん」の変容を読もう

**「設定」を読んだら、ごんの変化について考えてみましょう。どこで変わったのか、どのように変わったのか、なぜ変わったのかの観点から、作品を読み直してみましょう。**

最初の児童の感想にもあったように、読者はいたずらぎつねだったごんが、兵十へつぐないをし続けるごんへと変化するところに心を揺さぶられます。では、ごんはなぜ兵十へのつぐないをしていたのでしょうか。

## ●ごんの後悔を読み解こう

ごんの最初の心の変化は、第二場面の最後からわかります。

「兵十のおっかあは、とこについていて、うなぎが食べたいと言ったにちがいない。それで、兵十が、はりきりあみを持ち出したんだ。ところが、わしがいたずらをして、うなぎを取ってきてしまった。だから、兵十は、おっかあにうなぎを食べさせることができなかった。そのまま、おっかあは、死んじゃったにちがいない。ああ、うなぎが食べたい、うなぎが食べたいと思いながら死んだんだろう。ちょっ、あんないたずらをしなけりゃよかった。」

ごんの後悔や反省が伺えます。

しかし、これまで散々村人へのひどいいたずらを行ってきたごんなのに、なぜここで後悔をしたのでしょうか。

ごんが夜に穴の中で後悔をすることばの直前に描かれているのは、兵十のおっかあの葬式の場面です。そのとき、ごんが最後に見たのは、「白いかみしもを着けて、いはいをささげ」「いつもは、赤いさつまいもみたいな元気のいい顔が、今日はなんだかしおれて」いる兵十の姿でした。

ごんは、そんな兵十の姿を見て、考え始めたのです。

| | ごんの後悔 | 「つぐない」の始まり | 「つぐない」の変化 | ごんの死 |
|---|---|---|---|---|
| 本文 | 「（兵十の顔が）今日はなんだかしおれていました。」<br>「兵十は、おっかあにうなぎを食べさせることができなかった。」 | 「ひとりぼっちの小ぎつね」<br>「そのいせいのいい声のする方へ走っていきました。」 | 「おれは、引き合わないなあ。」<br>「その明くる日も、」「こっそり」<br>「くりが固めて置いてある」 | 「ひとりぼっちの小ぎつね」<br>「おれは、引き合わないなあ。」<br>「その明くる日も、」「こっそり」 |
| 解釈 | 兵十とおっかあとの幸せな別れを願うごんの気持ち。<br>ごんにも兵十と同じような家族との別れがあった？ | 兵十の寂しさ、悲しさへの共感から「つぐない」の行動へ。 | 「つぐない」の変化から見えるごんの中の「つぐない」以上の思いや願い。 | ごんの思いは兵十に届いたのか。この結末でよかったのか。<br>読み手自身へ問いかけ。 |
| 本文 | 「ちょっ、あんないたずらをしなけりゃよかった。」 | 「おれと同じ、ひとりぼっちの兵十か。」<br>「うなぎのつぐないに、まず一つ、いいことをしたと思いました。」 | 「くりを置いて」<br>「次の日も、その次の日も」<br>「その次の日には、くりばかりでなく、松たけも」 | 「ごんは、ばたりとたおれました。」<br>「ぐったりと目をつぶったまま、うなずきました。」 |

※光村図書　4年下　平成27年度版

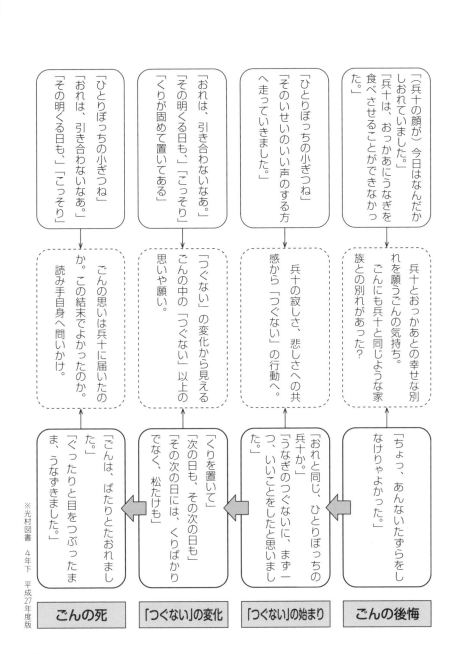

第一場面で兵十がいないうちにいたずらをしようとした姿からも感じられるように、おそらくごんにとって、それまでの兵十は村人の一人であり、特別な存在ではなかったでしょう。しかし、唯一の家族を失った兵十の悲しみの姿を見て、ごんは自分の兵十への行いを省みました。この時点では、ひとりぼっちになった兵十の状況を哀れむようなごんの思いは述べられていません。ごんは、心の中で兵十と母親の別れを邪魔してしまったと思い込み、悔やんだのです。ごんのことばを裏返せば、兵十とおっかあとの幸せな別れを願うごんの気持ちが垣間見えます。最愛の母を失った兵十の悲しみの姿から自分の行いを後悔するごん。そこから読者は、他者の悲しみを慮るいたわりの心がごんの心にあることを知ります。

しかし、それだけでしょうか。

設定場面で読んだ孤独なごんの姿とつなげて考えれば、もしかすると、ごんにも兵十と同じような家族との別れを経験したことがあったのかもしれないという考えも読者の中に浮かんできます。家族との別れというごん自身の深い悲しみの経験から、ごんの「思い込み」が生まれたのであれば、その後の兵十の孤独に共感し、「つぐない」を続けるごんの強固な思いに対する読者のイメージも大きく変わってきます。

子どもたちは、ごんが本当に兵十のおっかあを死なせてしまったと、よく読み間違いをします。うなぎを食べられなかったことで死ぬことはありません。

「とこにつく」には、病気で寝込むという意味がありますし、おっかあが「うなぎが食べたいと思いながら死んだんだろう。」とごんは考えています。また、ここではごんが自分でそう考えただけで、実際にはそうだったかもしれないし、違ったかもしれません。「兵十の母親を死なせてしまったことに対する責任を感じてつぐないを続けている」と「兵十に母親との辛い別れをさせてしまったことに対する責任を感じてつぐないを続けている」と読むのでは、読者のごんへの共感の深さは大きく変わってきます。ごんは、おっかあの望みを叶えさせられなかったことが、兵十にとってどれほどの悲しみかを思い、後悔しているのです。

## ●ごんの「つぐない」の始まりは?

まず、「つぐない」とは何でしょうか。

つぐないには、「相手に与えた損害を金・品物・労働と引き換えにして、損害の生じる前と同様の価値あるものにすること」という意味があります。ごんは、兵十に「つぐなおう」と考えていました。その証拠に、第三場面には、「ごんは、うなぎのつぐないに、まず一つ、いいことをしたと思いました。」とあります。「まず一つ」とありますから、この時点で複数回のつぐないをしようと考えていたようです。兵十に与えた母親との無念の別れの悲しみは、一度位のつぐないでは済まないと考えていたのでしょう。

では、ごんは、いつから兵十につぐないをしようと考えていたのでしょう。

子どもたちの意見は、大きく次の二つに分かれます。

一つは、第二場面の最後でごんが「ちょっ、あんないたずらをしなけりゃよかった。」と考えている場面、もう一つは、第三場面で兵十の生活する姿を見て「おれと同じ、ひとりぼっちの兵十か。」と心の中でつぶやいたところからいわし屋の威勢のいい売り声を聞いた場面です。どちらでしょうか。


ごんは第三場面の最初からつぐないのための行動をしてはいません。兵十が赤い井戸の所で麦を研ぐ姿を物置の後ろからごんが「見ていた」と書いてあります。「見ていた」には、一瞬ではなく、時間的な幅があります。しばらくの時間、貧しく独りで生活する兵十の様子を見たごんが心の中でつぶやいたのは、兵十への謝罪ではなく、「おれと同じ、ひとりぼっちの兵十か。」でした。

このことばには兵十の寂しさ、悲しさへの共感が込められています。

この「おれと同じ、ひとりぼっちの兵十か。」という思いが心の中に生まれるまでの時間、そして思った後に、ごんが何を考えたのかを読者は思わずにはいられません。ここで読者は、物語の冒頭で語られたごんの境遇をはっと思い出させられます。そして、同じような境遇となった兵十の心中を察するごんの強い思いが、兵十へのつぐないの行動へと駆り立てさせたのだと感じさせられます。その証拠に、「ごんは、物置のそばをはなれて、向こうへ行きかけますと、どこかで、いわしを売る声がします。」とあり、ごんは衝動的にその威勢のいい声のする方へ「走って」いくのです。

ごんのつぐないは、第二場面最後の後悔の場面から、ごんには兵十への「悪いことをした」「申し訳ない」という思いが湧いてきて、第三場面で「ひとりぼっちになって寂しい思いをしているだろう」「つぐないをしたい」等のような思いが強くなり、兵十へのつぐないの行動へとつながったのだと考えられます。

## ●「つぐない」にも変化があるの？

いたずらばかりしていたごんが、兵十のおっかあの死を知って、健気に兵十につぐないを行うきつねに変わったということで、「ごんの変化が読めた」というわけではありません。

物語の中でつぐないをするごんの姿から、ごんの心情の変化が見えてきます。

まず、最初のつぐないは、いわし屋から盗んだいわしを兵十の家の中へ投げ込んだことでした。この時点で、ごんは「うなぎのつぐないに、まず一つ、いいことをした」と思っています。これまで相手のことを思いやって行動したことのないであろうごんが、思いつきで行った行動です。粗雑で、他者との関わりが不器用なごんの性格を読者に感じさせます。その最初のつぐないは、結果的に兵十に迷惑をかけることになりました。いわし屋に盗人と思われてひどい目に遭わされたと言う兵十を見て、ごんは「これはしまった」「かわいそうに」と反省をします。ごんが正しいつぐないのあり方について考えさせられた瞬間です。

そんな反省をしながら、ごんは山でどっさりと拾った栗を兵十の家の物置の入り口に「置いて」帰ります。その後のつぐないは、「次の日も」「その次の日も」と書いてあります。そして、「その次の日には、くりばかりでなく、松たけも」とあります。数行の短い箇所ですが、つぐないを続けながら同じことばかりを繰り返すのではなく、相手への思いの表現の仕方をごんなりに工夫して高めていることが分かります。

次に、つぐないの場面が出てくるのは、最後の第六場面です。「その明くる日も、ごんは、くりを持って、兵十のうちへ出かけました。」とあります。つぐないの行動としては、変わっていないように見えますが、前の晩に、ごんは兵十と加助の話を聞き、「こいつはつまらない」「おれがくりや松たけを持っていってやるのに、そのおれにはお礼を言わないで、神様にお礼を言うんじゃあ、おれは引き合わない」と思っています。

そんなごんが、兵十の家に「こっそり」入り、土間に栗を固めて置くのです。ごんはなぜ「引き合わない」のに、「その明くる日も」兵十に栗を届けるのでしょうか。つぐないを続ける姿や栗の置き方から、ごんの中に何か強い思いがあることが感じ取れます。

そう考えると、わたしたち読者は文章中には表現されない、ごんの中に潜在的に眠っている「つぐない」以上の思いや願いを感じずにはいられません。

「ごんが兵十に栗や松茸を持って行く理由は何か」と問われたとき、文章中でわたしたち読者が根拠とすることばは、「うなぎのつぐないに、まず一つ、いいことをした」の「つぐない」という箇所だけです。しかし、そのことばは最初にいわしを投げ込んだときに、ごんが心の中で思ったことばであり、ごんが自分の行動の理由について意識できていた範囲で使われたことばです。つぐないをしながらもどこかで兵十に自分の存在に気づいてほしいと期待するごんの心の奥の願いは、物語の中に見え隠れはしますが、明示されてはいません。もしかすると、ごん自身も最期まで気づいていなかったことも考えられます。

しかし、読者には感じられるのです。ごんの設定であったり、「おれと同じ、ひとりぼっちの兵十か。」という心の中の何気ないことばであったり、第四・五場面のごんの行動であったりと様々な場面のことばがつながり合い、響き合って、読者の中に、ごんの切ない願いが見えてきます。

そのようなごんの心の奥にある思いや願いをごんの設定や行動から読んでいくことこそ、本作品を読んで感じた感動の理由を紐解いていくことにつながるのでしょう。

## ●ごんの死が意味するのは？

読者に衝撃を与え、深い悲しみを感じさせるごんの死。なぜごんは殺されなければならなかったのでしょうか。生きているごんが兵十と心を通わせるハッピーエンドではなぜいけないのでしょうか。

ごんが撃たれたのは、「引き合わない」と思ったのにも関わらず、「その明くる日」もいつもと同じように栗を届けたときでした。

その日に違っていたのは、兵十が「物置」で縄をなっていたことです。「それで、ごんは、うちのうら口から、こっそり中へ入りました。」とあります。ごんは持ってきた栗や松茸を「物置」に置こうとしていたのです。しかし、ごんはその状況から思いがけず兵十の家（母屋）へ入ることになります。同じ「うちのうら口」でも、いわしのときには投げ込んだために入る必要はありませんでしたが、栗を固めて置こうとすれば中に入らなければなりません。ごんにとっては、何気ない行為だったかもしれません。しかし、それが兵十（人間）の世界へごんが足を踏み入れてしまった瞬間でした。

「と、きつねがうちの中へ入ったではありませんか。」

そして、その瞬間を目撃した兵十が銃を手に取ることになったのです。兵十は戸口を出ようとするごんを撃ちます。そして、土間に「くりが固めて置いてある」のを見て、初めて兵十はこれまでのごんの行いを知ることになるのです。

人間から嫌われる存在だった孤独な小ぎつねのごんが、人間と心を通わせるために払った大きな代償。

このように異世界の人物が自分の住む世界を抜け出し、違う世界に住む人物と関わりをもとうとすることで悲劇的な結末を迎える童話や物語は、アンデルセン童話の「人魚姫」をはじめ、浜田広介の「泣いた赤鬼」やあまんきみこの「おにたのぼうし」など少なくありません。

それぞれの物語の結末で読者は、「やはり違う世界に生きるもの同士は理解し合うことができないのだろうか」「偏見が物事の本質を見失わせ、悲劇を生んだのではないだろうか」「自分だったらどうしただろうか」と自分自身へ問いかけ、その問いは心の中で波紋のように広がり続けます。

「ごんぎつね」でもごんの死が描かれることで、「この結末でよかったのか」「ごんと兵十は心が通い合うことができたのだろうか」「ごんと兵十が理解し合える方法は他になかったのか」「こんな悲劇で終わってほしくない」というような様々な問いや願いが読者の心の中に湧き上がってくるのです。

## （3）対人物「兵十」の人物像を読もう

**中心人物であるごんの変化についてごんの叙述から考えてきましたが、中心人物や状況の変化は、出来事との遭遇や別の人物（対人物）との出会いがあって、起こります。教材の分析・解釈では、中心人物に変化をもたらす対人物の分析も大切です。本作品におけるごんの対人物である兵十という人物についても考えてみましょう。**

### ●兵十の人物像とは？

兵十は、物語の中で才気ある人物ではなく、質朴な感じの青年として描かれています。

兵十が物語に最初に登場するのは第一場面で、はりきりあみで魚を捕っている場面です。兵十は、「ぼろぼろの黒い着物をまくし上げて、こしのところまで水にひたりながら」「はちまきをした顔の横っちょうに、円いはぎの葉が一まい、大きなほくろみたいにへばり付いて」「びくの中へ、そのうなぎやきすを、ごみといっしょにぶちこみました」などのような描写で描かれています。繊細さを感じさせる人物ではなく、どちらかと言えば無骨で大雑把な感じです。

また、第二場面のおっかあの葬式の場面では、「いつもは、赤いさつまいもみたいな元気の

「ぼろぼろの黒い着物をまくし上げて、こしのところまで水にひたりながら」

「はちまきをした顔の横っちょうに、円いはぎの葉が一まい、大きなほくろみたいにへばり付いていました。」

「びくの中へ、そのうなぎやきすを、ごみといっしょにぶちこみました。」


「いつもは、赤いさつまいもみたいな元気のいい顔が、今日はなんだかしおれていました。」

**兵十の人物像**

- 素朴な青年
- 細かいことはあまり気にしない？
- 人の意見に流されてしまう？
- 素直？　単純？
- 優しい？

「昼飯を食べかけて、茶わんを持ったまま、ぼんやりと考えこんで」

「いったい、だれが、いわしなんかを、おれのうちへ放りこんでいったんだろう。おかげでおれは、ぬすびとと思われて、いわし屋のやつにひどいめにあわされた。」


「そうかなぁ。」

「うん。」


「こないだ、うなぎをぬすみやがったあのごんぎつねめが、またいたずらをしに来たな。」

「ごん、おまいだったのか、いつも、くりをくれたのは。」

「火なわじゅうをばたりと取り落としました。」

※光村図書　4年下　平成27年度版

いい顔が、今日はなんだかしおれていました。」ときつねであるごんからも思われています。

第三場面では、兵十は、「昼飯を食べかけて、茶わんを持ったまま、ぼんやりと考えこんで」「いったい、だれが、いわしなんかを、おれのうちへ放りこんでいったんだろう。おかげでおれは、ぬすびとと思われて、いわし屋のやつにひどいめにあわされた。」などと独り言を言っていて、悲しみや怒りなど自分の感情を激しく表現しないような人物のようにも思えます。

第四・五場面では、自分の身に起こる不思議な出来事について加助に相談し、ごんのつぐないを「神様の仕業」だという加助に対して、「そうかなあ。」「うん。」（この返事については、多くの児童が納得した感じではなく、自信のない感じで読む方がいいと感じているようです）と答えるなど、自分の意見をもって人を引っ張っていくタイプではなく、人の意見に流されてしまうタイプのような印象を受けます。

## ●兵十の視点から読むと？

物語を兵十の視点から見てみましょう。

兵十は、おっかあと二人きりで貧しい暮らしをしていました。もしかすると、ごんが想像していたようにおっかあは病床に就いていたのかもしれません。

ある秋の日の雨上がりに、水かさが増して流れの速い村の小川で魚を捕っていました。冷たい水に腰まで浸って、顔にはぎの葉がへばりついていても気にならないほど、懸命に魚を捕っていたのですが、少しその場を離れた隙に、きつねがうなぎを盗んでいくのが見えました。戻ってびくの中を見てみると、魚が一匹もいません。「あのごんぎつねめ。」兵十は、そう思って腹を立てたでしょうし、せっかく捕った獲物がいなくなり、がっかりもしたでしょう。

その後の十日間ぐらいの間に、兵十はおっかあを亡くしました。これまでずっと二人きりで暮らしてきたおっかあの死に、悲しみに暮れる兵十。そんな兵十に村人は優しく声をかけました。兵十は、多くの村人の協力を得て、葬式を執り行うことができました。

その翌日から兵十はひとりぼっちで生活していました。兵十が自分の家で麦を研いでいると、突然、いわし屋がやってきて「いわしが無くなったんだが、知らないか。」と尋ねます。身に覚えのない兵十が「知らない。」と答えると、いわし屋は裏口へ回って、そこに散らばっている五、六匹のいわしを見つけました。怒ったいわし屋は、傷が残るほど強く兵十の顔を殴りつけました。何が起きたのかさっぱりわからない兵十。そして、なぜ自分がこんな目に遭わなければならないのかと思いました。

その翌日の午後、兵十が物置の方へ行ってみると、そこに栗がどっさりと置かれていました。不思議なことに、物置に栗が置かれるのは何日も続きました。ときには、松茸も二、三本入っていました。

「いったい誰が、おれに栗や松茸を毎日くれるんだろう。」

不思議で仕方ない兵十は、ある晩、吉兵衛の家に念仏を唱えにいっしょに行っていた加助に相談してみました。その帰り道で、加助が突然、「そりゃあ、神様のしわざだ」と言い出しました。兵十はびっくりしましたが、加助は、

「神様が、おまえがたった一人になったのをあわれに思わっしゃって、いろんな物をめぐんでくださるんだよ。」

と言います。兵十は加助の話を聞いて半信半疑でしたが、一人きりになった自分を助けようとしてくれる存在に感謝しなければいけないと思いました。

その翌日、兵十が物置で縄をなっていると、家の裏口からきつねが中へ入るのが見えました。

「こないだ、うなぎをぬすみやがったあのごんぎつねが、またいたずらをしに来たな。」と思った兵十は、火縄銃を取り、戸口を出ようとするごんを撃ちました。駆け寄って、家の中を見ると、いつもは物置に置いてあった栗が土間に固めて置いてあるのが見えました。

「ごん、おまいだったのか、いつも、くりをくれたのは。」

語りかける兵十に、目の前で倒れているごんが目をつぶったままうなずきます。

そのとき、兵十の中で、自分を助けようとしてくれていた存在がごんだということをはっきりと理解するとともに、その相手を自分が殺してしまったことに愕然としたのです。

物語を兵十の視点から読んでみると、兵十には連続して不幸が訪れていることがわかります。

| | ごんの視点から読む | 兵十の視点から読む |
|---|---|---|
| 第一場面 | 二、三日雨が降り続いた後、やっと外に出たごんは、いたずらで兵十が捕った魚を逃がそうとしたが、うなぎが巻きつき、そのまま逃げた。 | おっかあと二人きりの貧しい生活。ある日、懸命に捕ったうなぎをきつねが盗んでいくのが見えた。「あのごんぎつねめ。」兵十は、そう思って腹を立てた。 |
| 第二場面 | 十日ほど経って、ごんは兵十のおっかあの葬式を見かける。元気のない兵十の表情を見たごんは、その晩、自分がしたいたずらを後悔した。 | これまでずっと二人きりで暮らしてきたおっかあを亡くした兵十は、悲しみに暮れた。そんな兵十に村人は優しく声をかけ、多くの村人の協力を得て、葬式を執り行った。 |
| 第三場面 | ひとりぼっちになった兵十に、つぐないとしていわしを盗んでおいたが、失敗だった。その後は、山で採った栗や松茸を兵十へ届け続けた。 | 突然、いわし屋にいわしを盗んだと言われて、殴られた。翌日には、物置に栗がどっさり置かれていた。不思議なことに、物置に栗が置かれるのが何日も続いた。 |
| 第四場面 | 夜道で兵十と加助が話しながら歩いていた。兵十が加助に、自分に誰かが栗や松茸をくれると話をしているのを聞き、後をつけた。 | ある晩、吉兵衛の家に念仏を唱えに行った。いっしょに行っていた加助に自分の身に起きる不思議な出来事について聞いてみた。 |
| 第五場面 | 「神様の仕業だ」と言う加助のことばに、兵十がうなずいたことで、ごんは、「おれは、引き合わないなあ。」と思った。 | 「神様の仕業だ」と言う加助のことばに、兵十は半信半疑だったが、一人きりになった自分を助けようとしてくれる存在に感謝しなければいけないと思った。 |
| 第六場面 | それでも、ごんはその翌日も兵十に栗を届けた。その日は兵十が物置にいたので、家の裏口から入ったが、外に出ようとしたとき、撃たれた。兵十がやってきて、自分がしていたことに気づいてくれた。 | 翌日、家の裏口からきつねが中へ入るのが見えた。兵十は、火縄銃を取り、戸口を出ようとするごんを撃った。駆け寄り、栗が土間に固めて置いてあるのに気づいた兵十は、持ってきてくれていたのがごんだと知り、愕然とした。 |

物語の中でごんの対人物である兵十。兵十がみんなに親しまれる素朴な青年であり、辛い状況に置かれていることで、読者も兵十を応援したくなりますし、それを支えようとするごんのいじらしいほどひたむきにつぐなう姿への読者の共感が相対的に強くなります。

そして最終的に、ごんの死をもってしか通じ合えなかったごんと兵十の境涯に切なさや深い悲しみを感じるのでしょう。

## （4）場面構成から読もう

**これまで中心人物の変化、対人物について考えてきました。では、次に中心人物がどのような場面の構成で変化しているのかについて考えてみましょう。そうすることで、それぞれの場面の役割が見えてくるとともに、作者の巧みな構成上のしかけが見えてきます。**

### ●第四・五場面の役割とは？

教科書では、本文全体が六つの場面に分けられています。ごんの叙述を中心に各場面の役割について見てみましょう。

| | |
|---|---|
| 第一場面 | ごんがどんなきつねなのかが紹介される。兵十の捕った魚を逃がし、うなぎを盗んでしまう。**(ごんの設定)(出来事の始まり)** |
| 第二場面 | ごんが村の葬式を見て、兵十のおっかあの死を知る。ごんが兵十へのいたずらを後悔する。**(ごんの心の変化)** |
| 第三場面 | ごんがひとりぼっちの兵十を見て、つぐないを始める。**(ごんの行動の変化)** |
| 第四場面 | ごんが吉兵衛の家へ向かう途中の兵十と加助の話を聞く。 |
| 第五場面 | ごんが吉兵衛の家から帰る途中の兵十と加助の話を聞く。 |
| 第六場面 | 兵十の家へつぐないをしに行ったごんが兵十に撃たれる。**(話の山場)** |

ごんの変化だけを見てみますと、第一、二、三、六場面だけでも、物語が成立してしまうようにも見えます。しかし、第四・五場面は、物語を読んだ読者の感動を深めるうえで、大変重要な場面です。では、なぜごんが兵十と加助の話を聞くだけの第四・五場面が必要なのでしょう。

## 第四・五場面があることで明らかになること

### ごんの「つぐない」に対する兵十の思い

「とても不思議なことがあるんだ。」

「だれだか知らんが、おれにくりや松たけなんかを、毎日毎日くれるんだよ。」

加助のことば
「そりゃあ、神様のしわざだぞ。」
「神様が、お前がたった一人になったのをあわれに思わっしゃって、いろんな物をめぐんでくださるんだよ。」
「だから、毎日、神様にお礼を言うがいいよ。」

← 「そうかなあ。」
← 「うん。」
← 第六場面の
「ごん、おまいだったのか、いつも、くりをくれたのは。」につながる。

**不思議** ← **感謝**

### 「つぐない」をするごんの気持ち

「ごんは、二人の後をつけていきました。」

「びくっとして、……立ち止まりました。」

「お念仏がすむまで、いどのそばにしゃがんでいました。」

「二人の話を聞こうと思って、ついていきました。」

「兵十のかげぼうしをふみふみ行きました。」


← 「へえ、こいつはつまらないな。」

← 「神様にお礼を言うんじゃあ、おれは引き合わないなあ。」

← 第六場面の
「その明くる日も、ごんは、くりを持って、兵十のうちへ出かけました。」

「ごんは、うちのうら口から、こっそり中へ入りました。」

「ごんは、ぐったりと目をつぶったまま、うなずきました。」

につながる。

**期待** ← **落胆** ← **心の奥の思い**

る思いです。

## ●ごんの心の奥にある思いとは？

第四・五場面があることで明らかになるのは、まずごんの心の奥底にある願いや兵十に対する思いです。

ごんが兵十と加助の後をつけて行き始めたのは、「それが分からんのだよ。おれの知らんうちに置いていくんだ。」という兵十のことばの後でした。兵十が毎日自分に栗や松茸を誰がくれるのか不思議に思って加助に相談し、今から二人の会話がそれが誰なのかについて語られようとする場面です。

その後、加助が一度後ろを振り向いて、ごんはびくっとして小さくなって立ち止まります。その行動は、見つかれば身に危険があることをごんがわかっている（名乗り出られない）ことを表しています。しかし、ごんはそれでも二人についていきます。しかも、吉兵衛の家でお念仏が行われている間もごんはずっと井戸のそばにしゃがんで待っていました。

これらの行動は、何を意味するのでしょう。多くの読者は、「兵十が何というのか気になった。」「自分のことを話されるのではないかと期待した。」などのように感じます。つまり、ごんの心の奥底には、自分の存在に気づいてほしいというような願いがあるのです。ここで読者の中で、第一場面に描かれているごんの境遇やごんが「おれと同じ、ひとりぼっちの兵十か。」とつぶやいた第二場面とつながり、ごんの中に「つぐない」だけではない思いがあることを感じ取ります。

では、ごんは誰に気づいてほしいのでしょうか。

第五場面でもごんは二人の話を聞こうとついてきますが、加助ではなく、「兵十のかげぼうしをふみふみ」行きます。影法師を踏むということは、身の危険を顧みずそれだけ近づかなければなりませんし、影のどこを踏むかといえば、頭です。「兵十に気づいてほしい」というごんのいじらしく切ない思いが感じられてなりません。

しかし、その期待は裏切られてしまいます。

加助の「そりゃあ、神様のしわざだぞ。」という意見に兵十が「うん。」とうなずいてしまうのです（この「うん。」は、心からの納得の返事ではありません）。その兵十の反応に、ごんは「へえ、こいつはつまらないな。」「おれがくりや松たけを持っていってやるのに、そのおれにはお礼を言わないで、神様にお礼を言うんじゃあ、おれは引き合わないなあ。」と思います。いかにも他者との関わりが不器用なごんらしい反応です。第三場面で自分の行為を「つぐない」だと考えておきながら、「持っていってやる」と恩に着せようとすることば遣いをしたり、自分にお礼を言われないと「引き合わない」と考えたりするなんて、矛盾しています。しかも、兵十や加助らにとって最高の存在である「神様」と間違えられているにも関わらず、ごんには納得がいかないのです。ここからも、やはり自分という存在に気づいてほしいというごんの思いが垣間見えます。

でも、第六場面でごんは、「その明くる日も」いつもと同じように栗を持って、兵十の家へ出かけて行きます。そして、家の裏口から「こっそり」と中へ入るのです。

自分に感謝してもらえずに「引き合わない」と思っておきながら、こっそりと兵十の元へ栗を持って行くごん。そのごんの姿に読者は、強く心を揺さぶられます。なぜ、「その明くる日も」ごんは「こっそり」と兵十へ栗を届けたのでしょうか。

読者の考えは、「兵十に対して、まだ十分につぐないしきれていない。」という償いの気持ち、「いつかは自分に気づいてくれるのではないか。」「自分の存在に気づいて兵十と仲良くなりたい。」という期待感、「気づいてもらえなくても、兵十の力になりたい。」という奉仕の気持ちなどのように分かれます。

このように、第四・五場面があることで、ごんの心の奥が読者に見えてくるのです。

## ●ごんの「つぐない」を兵十はどう受け止めた？

次に、第四・五場面があることで明らかになるのは、知らないうちに自分の家に栗が置かれていることに対する兵十の考えです。

第四・五場面に加助が登場することで、兵十が加助に相談し、兵十の考えが初めてごんや読者に明らかにされます。兵十は、毎日自分の家に栗や松茸が届けられることを「とても不思議なこと」と感じていて、誰かが自分にくれていると考えています。その時点では兵十の口から感謝の気持ちは語られません。その後、加助が、「そりゃあ、神様のしわざだ」「神様が、（中略）あわれに思わっしゃって、いろんな物をめぐんでくださる」「毎日、神様にお礼を言うがいい」と兵十に自分の考えを話します。

兵十は積極的にその考えに賛同はしませんが、自分に栗や松茸を持ってきてくれる存在に感謝しなければならないことには納得したでしょう。

この第四・五場面での加助との会話があるからこそ、第六場面に向けて兵十が自分の元に栗や松茸を持ってきてくれるのがごんだとは思っていないことや第六場面で、土間に栗が固めてあるのを見た瞬間に、兵十の心の中に起こった動揺と自分が犯してしまった過ちに対する衝撃を読者は感じることができるのです。

## ●読者を悲劇に巻き込む「しかけ」とは？

第四・五場面があることで、ごんの心の奥にある思いや願いが読者には見えてきますが、ごんはそれを自覚しているのでしょうか。

「そりゃあ、神様のしわざだぞ。」という加助のことばに対してうなずいてしまう兵十に、ごんは「へえ、こいつはつまらないな。」「おれがくりや松たけを持っていってやるのに、そのおれにはお礼を言わないで、神様にお礼を言うんじゃあ、おれは引き合わないなあ。」と思います。

ごんの中に思わず浮かんだ「持っていってやる」という恩着せがましい思いや、「つまらない」「引き合わない」ということばから、読者の中に見えてくるのは、「つぐない」の中での自分本位で短絡的なごんの思いです。

そもそも、ごんの「つぐない」は、ごんの勝手な思い込みから始まりました。そのことを知っているのは、読者だけです。また、ごんが自分で「つぐない」だとは思っていても、ごん自身が自らの内面を振り返り、自分をいたずらに駆り立てた孤独感や疎外感を見つめ、これまでの自分の行いを悔いて、自分の中に眠っていた他者とのつながりを願う心までをも感じていたとは思えません。ごんの心の奥にある思いや願いをごん自身は自覚していない可能性があります。それを知っているのは、実は読者だけなのかもしれません。そうなると、ごんの真実を一番知っているのは読者であるということになります。

読者だけが知っているのは、ごんの真実だけではありません。

第六場面で、ごんが撃たれるまでのごんと兵十の状況を知っているのも読者だけです。そのとき、読者はごんの真実を知る唯一の存在でありながら、これから起きる悲劇の傍観者として、ごんの傍らに立たされてしまいます。読者は、ごんと兵十に起きる悲劇を止めることができません。

つまり、読者は傍観者でありながら、悲劇の当事者となるのです。そのため、読者自身の心に深い悲しみが起きるのでしょう。

## (5) 語りや表現描写を読もう

**これまで中心人物の設定と変化、対人物、場面の構成について考えてきました。最後に物語の中での語りや表現描写について考えてみましょう。**

### ●物語が語り口調である効果とは?

「設定」を読む場面でも触れましたが、物語は、語り手である「わたし」が小さい頃に村の茂平というおじいさんから聞いた話を語る伝承的民話の形で進行します。

この物語の世界では、一体誰が、ごんの話を村で語り始めたのでしょうか。物語の結末から

**茂平さんから聞いた話を語るわたし**

**真実を知った兵十と語り継ぐ村人のごんへの思い**

| | ごんの視点から読む | 兵十の視点から読む |
|---|---|---|
| 第一場面 | うなぎにいたずらをして逃げる。 | うなぎを盗むごんに腹を立てる。 |
| 第二場面 | 兵十のおっかあの葬式を見かけ、いたずらを後悔する。 | 二人で暮らしてきたおっかあを亡くして葬式を執り行う。 |
| 第三場面 | いわしのつぐないは失敗だったと知り、栗や松茸を届ける。 | いわしや栗、松茸が家に置かれるようになる。 |
| 第四場面 | 夜道を歩く兵十と加助の後をつける。 | 加助に最近の不思議な出来事について話す。 |
| 第五場面 | 「神様の仕業」ということばに「引き合わない」と思う。 | 「神様の仕業」ということばに半信半疑ながらも感謝しなければならないと思う。 |
| 第六場面 | 家の裏口から入ったところ、兵十に気づかれ撃たれる。 | 戸口から出ようとするごんを撃つ。土間に置いてある栗を見て、ごんの行いだと知り、愕然とする。 |

するとヽ最初に話し始めたのは、ごんの真実を知っている兵十に他なりません。それも、いたずらぎつねを仕留めたという誇らしげな気持ちで語ったのではなく、栗や松茸を毎日運んでくれていたごんの健気さに心打たれ、そしてそのごんを撃ってしまった自責の念から語り始められた物語なのでしょう。そして、伝承されるうちに、多くの村人がごんの気持ちを慮り、物語が形づくられていったと考えられます。

物語冒頭、「これは、わたしが小さいときに、村の茂平というおじいさんから聞いたお話です。」という一文から、ごんの思いは、兵十だけでなく、その後の多くの村人に伝わり、愛されていったことがわかります。

また、民話的な本作品は、敬体、いわゆる「です・ます調」によって語られます。そして、過去形と現在形の表現を使い分けて語られることによって、その状況が今起きているかのように読者の中に思い描かれます。

「ふと見ると、川の中に人がいて、何かやっています。」「中山様のおしろの下を通って、少し行くと、細い道の向こうから、だれか来るようです。」このように、やさしい語り口調でごんの行動やごんが見た郷土の風景が語られることによって、読者であるわたしたちの中にごんへの共感が生まれてきます。

さらに、民話の語りの特徴である擬音語・擬態語も物語の中で多用されています。

「キンキンひびいていました」「きらきら光っています」「ぴょいと草の中から飛び出して」

「ぽんぽん投げこみました」「トボンと音を立てながら」「ぬるぬるとすべりぬけるので」「うなぎは、キュッといって」「カーン、カーンと、かねが鳴ってきました」「ぴかぴか光るいわしを」「チンチロリン、チンチロリンと、松虫が鳴いています」などのようにオノマトペを多用することで、語りを聞く聞き手（読み手）の中にその様子がありありと浮かんでくるのです。

## ●視点の変化がもたらす効果とは?

物語は、その大半がごんの視点を通して語られます。

ごんが見たもの、聞いた音、ごんの心の中のことばを語り手が語ることによって、読者はごんに寄り添い、ごんに共感しながら物語を読み進めていきます。兵十は真実を知りませんが、ごんと読者は知っている状態で、物語が展開していきます。

しかし、第六場面になると突然兵十の視点を通した語りに切り替わります。一体なぜなのでしょう。

第六場面が兵十の視点から語られることによって、物語の緊張感が急激に高まります。ごんから突然切り離された読者は、嫌な予感を感じ始めます。「と、きつねがうちの中へ入ったではありませんか。こないだ、うなぎをぬすみやがったあのごんぎつねめが、またいたずらをしに来たな。」読者は、心の中で兵十に「それは違うよ、兵十。」と呼びかけますが、物語の中の兵十には届きません。そして、真実を知らない兵十が銃を手に取った瞬間、読者は「まさか、やめろ、兵十。逃げろ、ごん。」と心の中で叫ぶのです。しかし、兵十はすぐに「ドン」とごんを撃ってしまいます。読者の中に衝撃が走る瞬間です。兵十がごんの元へ駆け寄ります。（「かけよってきました。」の表現については、「かけよって行きました。」ではないかという意見もあります。）そして、土間に固めて置いてある栗を見て、ごんに語りかけます。

「ごん、おまいだったのか、いつも、くりをくれたのは。」

ごんは、ぐったりと目をつぶったまま、うなずきます。

ここでも語り手は、ごんの心の中を語ろうとはしません。（実は、新美南吉の草稿では、「権狐は、ぐったりなったまま、うれしくなりました。」となっていましたが、その後鈴木三重吉によって改稿され、発表されました。）

第六場面で、あえてごんの心の中が語られないことによって、読者は「ごんにとって、この結末は幸せだったのだろうか」と、うなずいたごんの気持ちを様々に思い浮かべずにはいられないのです。

## ●「兵十はかけよってきました。」

前述したように、第六場面には一部分だけごんの視点のように書かれた箇所があります。

「兵十はかけよってきました。」

という叙述の部分です。新美南吉が書き間違えたのではないかという説もありますが、書き間違えたとしても、思わずそう書いてしまった書き手の思いがあるはずです。この部分がごんの視点で描かれていることで、読者にはどんなことが感じられるのでしょうか。

まず、この時点で「ごんはまだ生きている」ということがわかります。直前に書いてある「ごんは、ばたりとたおれました。」という箇所から、読者には「ごんが死んでしまったのではないか」という考えがよぎります。しかし、その後の「兵十はかけよってきました。」という叙述があることで、「ごんにはまだ意識がある！」と感じさせるのです。

ごんがばたりと倒れた後、兵十がごんに駆け寄り、家の中を見て、土間に置いてある栗に気づき、驚いてごんに語りかけるまでには「間」があります。叙述が兵十の視点からの「兵十はかけよっていきました。」となってしまうと、その間、読者にはごんがどうなってしまったのかは語られず、死んでしまったと思いこむ読者も出てくるでしょう。そんな読者には、兵十の語りかけに突然ごんがうなずくと、「何だ、まだ生きていたのか。」という思いをもたせかねません。そうした意味でも、倒れた後のごんがまだ生きていることを読者に感じさせる必要があったのではないでしょうか。

また、「兵十はかけよってきました。」という叙述があることで、ごんの思いも感じさせます。

銃で撃たれて倒れた直後に、ごんの視点で述べられるのは、撃たれた痛みや苦しみ、自分が殺される恐怖ではなく、「兵十はかけよってきました。」です。ごんに駆け寄っている時点では、兵十はまだごんを殺す気でいます。そんな兵十に対し、自分の身に迫る危険よりも、これまで近づきたくても近づけなかった兵十が、自分に向かって近づいてくることをごんは意識します。ごんへ駆け寄る兵十をごんの視点から述べることで、読者には近づいてくる兵十に対するごんの期待や喜びが感じられるのです。

## ●シンクロする物語の描写と人物の心情

物語の描写は、人物の視点や心のフィルターを通して語られたものです。そのため、人物の心の中と呼応して描かれます。本作品でも描写を読むことで、人物の心情を読み取ることができます。

たとえば、第一場面では、二、三日雨が降り続いた後、外に出られなかったごんが「ほっとして」穴から這い出ます。本文では、この場面での気持ちとしては、この「ほっとして」としか書かれていません。そのことばからは、「やっと外に出られる」という安堵の気持ちしか出てこないでしょうが、その後ごんが外に出たときに見た景色として「空はからっと晴れていて、もずの声がキンキンひびいていました。」と述べられます。ここには、ごんの気持ちは明示されていませんが、「からっと晴れて」「キンキンひびいて」という視覚的・聴覚的な表現から、読み手には「ああ、やっぱり外は気持ちいいなあ」「外に出られてうれしいなあ」というごんの気持ちが感じられます。（この解放感が、その後の「ちょいと、いたずらがしたくなった」につながっていきます。ごんはイライラしていたのではなく、いい気分だったことから、ほんの軽い気持ちでいたずらをしたことがわかります。）

他にも、第二場面では、兵十のおっかあの葬式の場面が描かれますが、葬列を見ているときのごんの気持ちは語られません。

「いいお天気で、遠く向こうには、おしろの屋根がわらが光って」いるのが見えるくらいののどかな風景の中で、ごんは「赤いきれのように」美しく咲き続いている墓地の彼岸花を見ます。色彩の表現によって、鮮やかな彼岸花の「赤」が読者に印象づけられますが、その彼岸花が、「白い」着物を着た葬列の人々によって「ふみ折られて」しまいます。ごんとともに読者の中に身内を亡くした兵十の悲しみを感じさせる描写です。

また、ごんがその後、「のび上がって」見た視線の先には、「白いかみしもを着けて、いはいをささげている」兵十がいます。そして、その表情は「今日は、なんだかしおれて」いるのです。ごんは、そこで亡くなったのが兵十のおっかあであることを悟るとともに、兵十の悲しみの深さを感じとったと考えられます。そして、その晩、兵十とおっかあの別れの場面を思い、後悔するのです。

また、第六場面、物語の最後は「兵十は、火なわじゅうをばたりと取り落としました。青いけむりが、まだつつ口から細く出ていました。」という文で締めくくられます。兵十が、毎日自分に栗を届けてくれていた存在がごんだということを知った直後の描写です。

ここで兵十の気持ちは語られません。しかし、「こないだ、うなぎをぬすみやがったあのごんぎつねめが、またいたずらをしに来たな。」と思い、迷いなく火縄銃を手に取ってごんを撃った兵十が、その「火なわじゅう」を「ばたりと取り落と」すのです。

「取り落とす」には、「うっかり落とす」という意味があります。真実を知り、自分が取り返しのつかないことをしてしまったことに気づいた兵十が、そのあまりのショックにごんを撃った火縄銃を落としてしまったことがわかります。

読者の心には、「ばたり」という音が兵十の心の衝撃と重なって響きます。そして、今まさにごんの命の灯が消えようとする瞬間、二人の間に横たわるごんを撃った火縄銃の筒口から「青いけむり」がごんの死を弔うかのように細く上ります。静寂に包まれた中で、兵十に気づいてもらえたというごんの思いとあまりの衝撃に呆然と立ち尽くす兵十の思いとが読者の中で対比的に感じられる場面になっています。

# 3 学習の目標を設定しよう

## (1) 教材の特性から目標を考えよう

教材の分析・解釈をしたことで教材の特性が見えてきました。それをもとに学習目標(指導目標)を設定します。

本来なら学級の子どもたちの実態から学習の中でつけるべき目標を設定し、それに合った教材を選定するべきなのでしょうが、各学校には教科書教材を中心にしたカリキュラムがあり、学習の中で取り扱う教材が指定されています。

教科書の指導書には、その教材を学習することで目指す目標が書かれていますが、その目標が常に学級の実態に合ったものになっているとは限りません。

まず、その教材を使って、どんな国語の力を子どもたちにつけられるのかを考えてみましょう。そして、子どもたちの実態に合った目標を設定します。

## （2）「ごんぎつね」から指導目標を設定しよう

**中心人物の設定と変化、対人物、場面の構成、物語の中での語りや表現描写について考えてきました。では、教材を読むことを通して、子どもたちに物語の読み方の何を身につけさせることができるでしょうか。**

### ●教材の特性から考えられる目標を書き出そう

教材を分析し、解釈したことから「ごんぎつね」を読んで設定できそうな目標を書き出してみましょう。

○叙述を読んで、場面の様子を想像する
○人物の設定を読む
○人物の心情の変化を読む
○情景から人物の心情を読む
○書かれていない人物の心情を考える
○語りや人物の視点の変化を考える

○語り手の存在を意識し、物語の背景を考える
○人物の役割について考える
○物語の構成や場面の役割について考える
○読後感から読む
○物語の後を想像する

他にもまだまだあるかもしれません。大切なのは、一人の読者として教材と出合ったときの感動の理由を解き明かすには、教材の何を読ませていけばいいのかを教師が考えることです。そうすることで、子どもたちが教材と出合ったときの感動を大切にし、その感動から自然な形で単元を通した学習課題を設定することができるようになります。

「ごんぎつね」の場合は、いたずらぎつねから兵十へのつぐないを続けるようになったごんの変化とごんの死という衝撃的な結末について話し合っていくことが中心となります。本教材の学習で話し合いを通して明らかになり、読者の感動を深めていくのは、文章に明らかにされていないごんの心の奥にある「思い」です。いたずらするごんの思い、ひとりぼっちになった兵十に共感する思い、「つぐない」を続ける思い、兵十と加助の話を聞くときの思い、撃たれた後で兵十に声をかけられたときの思い――。

これまで教材を分析してきたように、ごんの心の奥にある「思い」は、文章中のことばをつなぎ合わせていくことで、読者の中に「…と書いてあるから、おそらく〜だろう。」というように浮かび上がってきます。これを**推論**と言います。学習では、子どもたちに複雑なごんの気持ちについて根拠と理由を挙げながら推論させることが重要になってくるでしょう。

## ●教科書の単元名を見てみよう

では、各教科書会社は「ごんぎつね」からどのような学習を設定しているのでしょうか。それぞれの教科書では、次のような単元名と活動目標が設定されています。

○光村図書四年下……**読んで考えたことを話し合おう**
登場人物の行動や気持ちの変化をとらえ、感じたことや考えたことを話し合いましょう。

○東京書籍四年下……**感想を伝え合おう**
人物の気持ちの変化と、中心となる人物とほかの人物との関わりを考えながら読む。

○教育出版四年下……**テーマを決めて、本をしょうかいしよう**
登場人物の行動や気持ちを想像しながら読みましょう。

○学校図書四年下……**物語の書かれ方を話し合おう**
○三省堂四年…………**気持ちの変化を考えながら読もう**
（すべて平成27年度版）

多くの教科書が、登場人物の気持ちやその変化を読むこと、叙述からその場面を想像しながら読むことを単元の目標に挙げています。また、様々な思いや考えを引き起こす本教材だからこそ、それぞれが感じたことについて話し合う活動を中心にしているようです。

『小学校学習指導要領解説国語編』（平成20年告示）でいえば、「読むこと」の「(1)ウ　場面の移り変わりに注意しながら、登場人物の性格や気持ちの変化、情景などについて、叙述を基に想像して読むこと。」や「(1)オ　文章を読んで考えたことを発表し合い、一人一人の感じ方について違いのあることに気付くこと。」に当たります。

## ●学級の実態に合った目標を設定しよう

「ごんぎつね」は大人が読んでも感動し、考えさせられる物語です。文学的な文章は、読者の年齢や経験などによって受け止められ方が大きく異なってきます。

よく陥りがちな授業の失敗の一つに、教師が長い時間をかけて教材を分析し、教師が解釈したことのすべてを子どもたちに考えさせようとすることがあります。私たち教師は、子どもたちに「ごんぎつね」を教えるのではなく、「ごんぎつね」を読むことを通して子どもたちにどんな読み方を身につけさせることができるのかを考えなければなりません。

教科書を見てみますと、すべての教科書が「ごんぎつね」を四年生の教科書に掲載しています。四年生段階の子どもたちは、高学年の感覚が少しずつ芽生え、複雑な心情を理解したり、他者の心情を推し量ったりできるようになってきます。その目の前の子どもたちが、どんな読み方をする傾向にあるのかをしっかりと分析し、適切な指導の目標を設定することが大切です。

【参考文献】

・鶴田清司『「ごんぎつね」の〈解釈〉と〈分析〉』一九九三年、明治図書
・大石源三『ごんぎつねのふるさと　新美南吉の生涯』一九九三年、エフエー出版
・府川源一郎『「ごんぎつね」をめぐる謎』二〇〇〇年、教育出版
・鶴田清司『なぜ日本人は「ごんぎつね」に惹かれるのか』二〇〇五年、明拓出版

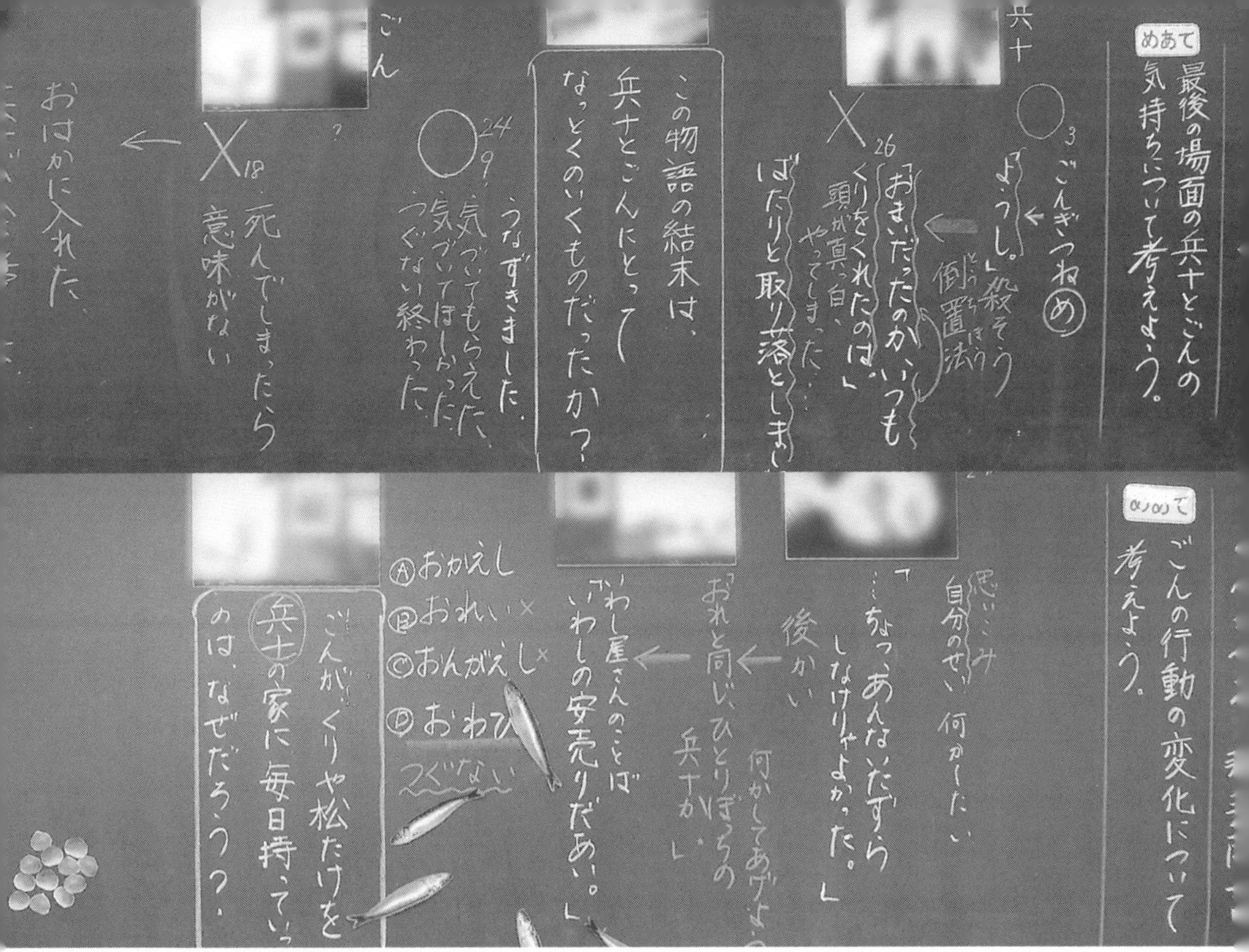


# 第2章

# 指導方法を構想する力を高めよう

最初に、教材研究とは、「**教材の分析・解釈**」と「**指導方法の構想**」のことであり、指導方法を構想していくためには、何よりもしっかりとした教材の分析・解釈が重要だと述べました。前章で実際に分析したように、物語中の一つ一つのことばが緊密につながりあって、読者の中に物語世界をつくりあげます。教師が教材を分析・解釈することで、子どもたちにどのことばとつなげて考えさせる必要があるのかが見えてくるのです。（また、授業における子どもたちの発言の聴き方も変わってきます。この点については次章実践編で述べます。）

そこで、本章では教材分析・解釈したことをもとにどのように指導方法を構想していけばいいのかについて考えてみましょう。

## 1 学級の実態と教師の力量に応じた指導方法を設定しよう

まず、単元を通して場面ごとに分けて読ませていくのか、教材全体を対象にして読ませていくのかについて考えてみましょう。

物語を読む授業の中で子どもたちに求められるのは、単純に考えれば、どのことばに着目して、どのことばとことばをつなげて考えたのか、そしてどのように解釈したのか、その解釈したことについて自分はどう感じ、考えたのかということです。

「ことばをつなげて考える」という点についてもう少し説明をします。

基本的な物語の構造は、**「舞台や人物の設定―人物の変化への伏線―人物の行動やものの見方・考え方の転換―人物の変容」**となっています。人物の**「変化」**を理解するためには、それ以前の状態、つまり**「設定」**を理解しておかなければなりませんし、一読すると劇的に**「変化」**したように見える人物も実はそのきっかけとなる出会いや出来事、変化の兆しとなる**「伏線」**が物語中に張られています。

このような物語の中でのことばのつながりを授業の中で子どもたち自身が見出し、解釈し、評価していくことが求められるのです。

従来より多くの教室で行われてきた物語を場面ごとに分けて読む読み方ではなく、近年は物語全体を対象にした「丸ごと読み」の授業を求める声が増えてきました。どちらの指導方法にもよい点や気をつけるべき点があります。

まず、**場面ごとに分けて読ませる場合**についてです。

場面に区切ると、読む範囲が限定され、つなげることばを探しやすくなります。話のあらすじを把握していない子どもたちや物語の読み方に慣れていない子どもたち、低学年段階の子どもたちに向いた読み方かもしれません。

気をつけるべきことは、違う場面のことばやその前の場面までに学習してきたこととつなげて考えることができにくくなる点です。そのため、教師がこれまで学習したことのまとめを掲示して学習を振り返りやすくしたり、違う場面のことばに気づくように発問したりする必要が出てきます。

次に、**物語全体を対象にして読ませる場合**についてです。

場面ごとに分ける場合とは逆に、子どもたちにとってはことばを探す範囲の限定がなくなり、授業で問題となっている文章中の箇所とは離れた箇所からことばを探すことができます。そのためには、授業の前までに何度も教材文を読み込ませ、物語の流れを頭の中に入れておかせる必要があります。尋ねられたことに反応し、「そのことについては、あそこにあんなことばが書いてあったはずだ」とすぐに教科書のページをめくって、ことばを探せるようにしておかなければ、子どもたちが授業での話し合いに参加することはできません。

そして、物語全体を対象にして読ませる場合、何よりも子どもたちにとって適切な読みの課題と教師の指導の力量が必要になります。教師は、単元を通して子どもたちが教材を読み深めていくために必要な課題を子どもたちの反応を予想しながら設定しなければなりません。そして、本時では、子どもたちから出される様々な箇所からのことばや考えをどのように教師が整理し、授業の中で子どもたちにどのように考えさせていくのかが重要になるのです。

# 2

## 教材の特性に応じた活動を設定しよう

現行（平成20年告示）の指導要領では、「各教科における言語活動の充実」の必要性が唱えられていますが、設定するのはどんな活動でもいいわけではありません。

教師の教材の分析・解釈を基盤とし、**活動の特性**を意識しながら、授業で子どもたちの読みを深めさせていくのに適した活動を選択していく必要があります。

一つの教材ごとに子どもの実態によって設定する指導目標が違うように、目標に迫るための学習活動の方法も様々です。それぞれの活動には特性があり、教材と設定した指導の目標に応じた活動を選択しなければなりません。
そこで、いくつかの活動を挙げながら、その特性と「ごんぎつね」で設定する際のポイントについて考えてみましょう。

## (1) 音読・朗読

文章を声に出して読んで理解したり、文章の内容や文体から読み手がイメージしたことや感動した気持ちを音声で聞き手に表現したりする活動です。

音読・朗読は、読み手が**人物や語り手に同化するのを促す**ことができます。逆を言えば、音声化することで読み手の解釈が明らかになりますし、指導する教師もこの点に留意して子どもたちに音読・朗読を聞かせなければなりません。

たとえば、「ごんぎつね」では、第一場面の村の小川のつつみでごんが兵十を見つけたときに思った「兵十だな。」ということばを軽い感じで読むのか、悪巧みをするような感じで読む

| 活　動 | 特　性 | 留意点 |
|---|---|---|
| 音読・朗読 | 読み手がイメージしたことや感動した気持ちを音声で聞き手に表現する。読み手が人物や語り手に同化するのを促す。 | 音声を記録したり，音読するための記号を用いたり，教師が再現したりする必要がある。 |
| ディベート | 主体的に議論し，多様な視点に立って論理的に考える。 | 解釈の妥当性を評価の観点としたり，一つの解釈に収斂しないようにしたりする。 |
| 日　記 | 文章中に書かれていない人物の心情を読み手が想像して埋めて書く。 | 日記をどの場面のどの人物の立場から書かせるか。 |
| 手　紙 | 読み手が文章中に書かれていない人物の心情を想像し，物語世界の外から人物の行動や考えに対して評価をする。 | 手紙をどの場面のどの人物に対して書かせるのか。 |
| 後日談の創作 | 作者になったつもりで，物語の後に続く話を想像し，創作して書く。 | 物語の文脈を理解した上で，物語のその後を想像し，構想して表現させる。 |
| 劇・動作化 | 人物の設定や状況・場面から人物の心情や表情を想像し，動作や行動に表現する。 | 表現する目的や表現させる場面をはっきりとさせたうえで，活動させる。 |
| ペープサート | 人形を動かすことによって，人物が今どの場所にいて，どう動き，どのくらいの距離があるのかを表現する。 | 人物の表情や細かい動きを表現することができない。 |
| 紙芝居 | 場面の移り変わりに着目させて絵の枚数や視点について考えさせる。読み方や見せ方についても考えさせる。 | 出来上がったものを発表するのであれば，作成に時間がかかる。 |
| 新　聞 | 物語の中の出来事を要約したり，違う視点から再構成したりして表現する。 | 文学作品を新聞にする場合，作品の世界を台無しにしてしまう可能性がある。 |
| 書　評 | あらすじをまとめ，文章中のことばなどを引用しながら論理的に評価する。 | 評価の観点を示したり，見直すことを想定してノートをまとめさせたりする。 |
| 他の作品を読む | 一つのテーマや観点をもって本を選択して読む。 | テーマや観点の設定が大切。 |

のかでごんの人物像は大きく変わってきます。(「ちょいと、いたずらがしたくなった」とその後に書いてあることやその時点ではごんにとって兵十が特別な存在ではなかったと思われることから軽い感じで読む方がいいでしょう。)

また、第五場面の兵十と加助が話をしている場面で、「毎日、神様にお礼を言うがいいよ。」と言う加助に対して兵十が答えた「うん。」を心から納得した感じで読むのか、心に何か引っかかったような感じで読むのかで、第六場面の毎日栗を届けてくれていたのがごんだったことを知ったときの兵十の衝撃と読者の感動は変わってきます。

同時に、第六場面で真実を知った兵十の「ごん、おまいだったのか、いつも、くりをくれたのは。」の「おまいだったのか」を疑問で読むのか、詠嘆で読むのかも兵十の心の動きを表現する重要なポイントです。

音声化された表現はその場に残りません。

表現されたものをもとに話し合う場合は、音声を記録したり、音読するための記号を用いたり、教師が再現したりする必要があります。

## (2) ディベート

あらかじめ設定された論題に対し、見解が対立する二つの立場に分かれ、一定のルールに従って議論を行います。最終的には、第三者はどちらが優位だったのかを審判し、勝敗が決まります。

そのゲーム性から子どもたちは主体的に議論したり多様な視点に立って考えたりしようとします。文学教材の解釈の対立点を論題にする場合、**議論の優劣ではなく解釈の妥当性を評価の観点とすることや一つの解釈に収斂していかないようにすること**が大切でしょう。

たとえば、「ごんぎつね」では、「この結末でごんは幸せだったたか」という論題で設定をされることがあります。

子どもたちは活発に議論することが予想されます。「ごんにとって」という立場から考えなければなりませんが、その解釈には読み手の価値観が大きく反映されます。論点は、「自分が死んでも相手に自分を理解してもらうことが幸せなのか」に絞られるでしょう。そうなると、四年生段階で教材の叙述をもとにしてどこまで討論できるのかという問題が生じてきます。

議論の後で、ごんの死をもってしか理解し合うことができなかった作品世界の悲しみや最後の場面を読んで読者自身の中に起こる問いかけについて子どもたちが静かに自分の考えと向き合う場を設定し文章にまとめるなどする活動も必要でしょう。

## （3）日記

読み手が、登場人物になりきって物語の中で起きた出来事やそのときの心情などを記録していく形で書きます。物語の中で時間の経過が何日間にもわたる場合に設定できる活動です。登場人物になりきることで、**文章中に書かれていない人物の心情**を読み手が想像して埋めて書かなければなりません。この活動のポイントは、読み手の解釈を引き出すために日記をどの場面のどの人物の立場から書かせるのかでしょう。

たとえば、「ごんぎつね」の場合、第三場面の最後の「その次の日には、くりばかりでなく、松たけも二、三本、持っていきました。」と書いてある日の日記を書かせるとします。すると、子どもたちからは「兵十に喜んでほしい」という内容の考えが出されるでしょう。ごんの行動が、謝罪や申し訳なさのようなつぐないの気持ちからだけではないと気づかせることができます。

また、第五場面の最後にある「引き合わないなあ」と言った晩の日記をごんになりきって書かせます。すると、文章中には語られないごんの自分の存在に気づいてもらえないもどかしさや気づいてもらいたいという願い、そして引き合わなくても第6場面で「その明くる日も」兵十の家に栗を持って行くごんの心情を書く必要性が出てきます。

## （4）手紙

読み手が、登場人物に対して語りかけるような形で書きます。日記と同様に読み手の解釈を引き出すために手紙をどの場面のどの人物に対して書かせるのかがポイントになります。

日記と違う点は、読み手が人物になりきるのではなく、**文章中に書かれていない人物の心情を想像し、物語世界の外から人物の行動や考えに対して評価をしていく**点です。

たとえば、「ごんぎつね」の場合では、第一場面で「いたずらをするごんに対して手紙を書こう」という活動を設定すれば、子どもたちはごんがいたずらをすることに対する評価だけでなく、読み取ったごんの境遇やごんの気持ちへの共感などを書いていきます。

また、第六場面で真実を知った兵十への手紙を書く活動を設定すれば、物語の中の兵十は知らないけれども、読者である子どもたちが知っている（読み取った）ごんの行動や気持ちを代弁するような手紙を書くでしょう。

そして、日記や手紙を書かせる場合、どのように授業に位置づけるのかを考えることも必要です。

授業の最初に書かせたものを発表し合い、互いの解釈の違いから学習の導入へとつなげる場面か、人物の心情などについて話し合った後に学習のまとめとして自分の考えを整理する場面かなど、活動の目的によって位置づけも変わります。

## (5) 後日談の創作

作者になったつもりで、物語の後に続く話を創作して書きます。子どもたちは楽しみながら意欲的に取り組みます。しかし、続き話を書くからといって何でも書いていいというわけではありません。**物語の文脈を理解した上で、**物語のその後を想像し、構想して表現する必要があります。

たとえば、「ごんぎつね」の場合では、子どもたちはごんが生き返るという展開を考えがちです。子どもたちが自分の願いを素直に文章にするからなのでしょう。しかし、それでは「青いけむりが、まだつつ口から細く出ていました。」に象徴されるごんの死と読者に湧き上がる感動が打ち消され、全く別の物語になってしまいます。

この活動で注目させるべきは、やはりその後の兵十や村人たちの行動でしょう。兵十はごんのお墓を作ったのか、作ったのならどこに作ったのか、村人にどのように伝えたのか、それを聞いた村人はどのような反応をしたのかなど、この物語が人々に愛され、語り継がれるようになった経緯について考えさせたいものです。

また、後日談ではありませんが、物語の構造を意識させるために、語り手の存在にもう一度戻らせ、ごんぎつねを語る「わたし」の思いについて触れるという方法もあります。

## （6）劇・動作化

劇については、上演を目的にしたものと、上演ではなく表現活動や体験を目的にしたものがあります。子どもたちは、人物の設定や状況から**人物の心情や表情、動きを想像し**、動作や行動に表現します。表現する目的や表現させる場面をはっきりとさせたうえで、活動させることが大切です。

たとえば、「ごんぎつね」の場合では、登場人物の心情を読み取るために、ごんと兵十の「関わり」が見られる場面に絞って劇化・動作化させます。第三場面や第六場面のごんが「つぐない」をする場面では、兵十に見つからないように実際にいわしや栗を置いてみることで、場面の状況だけでなく、ごんの心情の変化についても体験的に考えさせることができます。

他にも、「兵十のかげぼうしをふみふみ行きました。」やごんを撃った後の兵十の動き、「火なわじゅうをばたりと取り落としました。」などの場面でも動作化させることで、ごんや兵十の心情に迫ることができます。

## （7）ペープサート

紙に人物の絵などを描き、棒につけて動かします。また、棒につけずにマグネットで黒板上に貼って動かすこともできます。

劇や動作化と同じように、演じることを通して、場面の状況や人物の心情などを考えさせます。

劇に比べて、人形を動かすということで子どもたちの活動への抵抗感も少ないのですが、人物の表情や細かい動きを表現することができません。劇よりも比較的表現しやすいのは**人物の位置関係**です。劇の場合は、演じる空間の関係で十分に距離がとれない場合がありますが、ペープサートは人形を動かすことによって、人物が今どの場所にいて、どのくらいの距離があるのかを表現することができます。

たとえば、ごんぎつねの場合では、ごんが「つぐない」をする場面で、兵十に見つからないように場所を移動するごんの動きを表現させることで、第三場面と第六場面の違いについて気づかせることもできるでしょうし、第四・五場面では、兵十と加助の話を聞くごんの向きや位置、兵十とごんとの距離などを表現することで、ごんの心の動きについて考えさせることもできます。

## (8) 紙芝居

本文に沿って、場面に分けて絵を描き、描いた絵と一緒に音声で表現していきます。

紙芝居の作成を通して、**場面の移り変わり**に着目させて何枚の絵に描くのか、描く絵を**誰の**

**視点**から見た絵にしていくのかなどについて考えさせることができます。しかし、出来上がったものを発表するのであれば、作成に時間がかかるのが難点です。

また、紙芝居が出来上がると、演じ方の練習をする必要があります。役割分担をして、地の文や会話文から情景や人物の心情が伝わる声色や言い回し、絵の抜き方などを練習します。

たとえば、ごんぎつねの場合、第一場面はごんの視点から描いた絵が中心となり、「タイトルとあなの中のごん」（ごんの設定）「いたずらばかりをするごん」（ごんの設定）「川で魚を捕る兵十を見つめるごん」（状況の説明）「うなぎを首にまきつけたまま、兵十から逃げるごん」（出来事の発端）などのように、聞き手がその後の物語を理解するうえで必要な絵が、少なくとも四枚はあると思われます。「川で魚を捕る兵十を見つめるごん」では、絵の半分に川の情景とごん、半分に魚を捕る兵十を描いて、半分ずつ見せていくことで、ごんの視点の広がりを感じさせることができます。

## （9）新聞

新聞の紙面は分割され、見出し・リード・本文で成る記事やコラム・社説などで構成されています。また、記事の重要度によって割かれる紙面の割合や見出しの大きさが変わります。

記事を書くには、客観的に５Ｗ１Ｈを入れて報告したり、図表を入れて解説したりする必要があるため、子どもたちは、**物語の中の出来事を要約**したり、**違う視点から再構成**したりして表現しなければなりません。

また、グループで新聞を作る場合には、どの記事を載せるかについての編集会議も必要になるでしょう。

たとえば、ごんぎつねの場合では、ごんが撃たれたことについての記事を大きく書く子が多いと思われます。しかし、物語文を新聞にする場合、読者が感動する場面について客観的に出来事の報告をしなければならない難しさがあります。編集後記として書き手の思いを書くこともできますが、ともすれば、記事が三面記事のパロディのようになり、作品の世界を台無しにしてしまう可能性があることに留意する必要があります。

## (10) 書評

書評とは、「**物語のあらすじの紹介**」と「**物語に対する読み手の評価**」を書いたものです。

評価については、**文章中のことばなどを引用しながら論理的に述べて**、読み手が納得したり共感したりするように書きます。場合によって、教師が評価の観点を示したり、後で書評を書く際に見直すことを想定して各時間の学習ノートのまとめ方を工夫させたりする必要があるでしょう。

たとえば、ごんぎつねの場合、ごんと兵十の関係や二人のすれ違いから生まれる悲劇に、子どもたちは疑問をもったり切なさや怒りを感じたりと様々な反応を示すでしょう。そのような違った感想や考えを読者の中に生じさせる物語だからこそ、叙述を根拠にして互いの感想や考えについて話し合う活動が設定できます。

最終的には、自分の考えをあらすじと組み合わせてまとめさせることで書評が完成します。

## (11) 他の物語を読む

教材の物語を読むことをきっかけに他の本や物語を読むことに広げていくこともできます。他の物語に広げていく場合、最初に読んだ教材の読み方をもとに**一つのテーマや観点をもって本を選択して読む**活動を設定するようにします。そして、それぞれが選択して読んだ作品について**同じ観点で発表**し、話し合うことで、新たに見えてくるものがあります。

たとえば、「ごんぎつね」の場合では、「新美南吉の他の物語を読む」という活動が設定できるでしょう。同じ作者が書いた物語を読み、登場人物の共通点や差異点、作品から感じられるメッセージなどについて話し合うことで、新美南吉の人物像が浮かび上がってきます。

また、題材という観点から「きつねが主人公で出てくる他の物語を読む」という活動を設定した場合、主人公の設定や変容などについて発表し合い、物語における「きつね」のとらえられ方が浮かび上がってきます。

「登場人物のすれ違いから悲しい結末になる他の物語を読む」という活動を設定した場合には、似たような構造をもった物語を読み、それぞれの人間関係や物語から感じられるメッセージなどについて話し合うことで、悲劇が生まれる要因や物語のつくられ方などが浮かび上がってきます。

## 3 単元を構想しよう

**単元の指導目標の達成に向け、目の前の子どもたちに適切と思われる学習課題や学習活動の方法を設定し、単元を組み立てましょう。**

「ごんぎつね」では、学習指導要領解説国語編（平成20年告示）の「(1)ウ　場面の移り変わりに注意しながら、登場人物の性格や気持ちの変化、情景などについて、叙述を基に想像して読むこと」を通して、いたずらぎつねから兵十へのつぐないを続けるようになったごんの変化とごんの死という衝撃的な結末について「(1)オ　文章を読んで考えたことを発表し合い、一人一人の感じ方について違いのあることに気付くこと」が中心となるでしょう。

そこで、単元の指導目標を、

> ○場面の移り変わりに注意しながら、登場人物の性格や気持ちの変化、情景などについて、叙述をもとに想像して読むこと。
> ○文章を読んで考えたことを発表し合い、一人一人の感じ方について違いのあることに気づくこと。

とし、単元構想づくりの一例をご紹介したいと思います。（次章の実践編とリンクします。）

## （1）子どもたちの状況をとらえよう

授業には、どんな子どもにも効果がある「万能薬」はありません。目の前の子どもたちの状況に合わせて、その方法や手立てについて細かく検討していく必要があります。そこで、一つの学級の授業をモデルに授業づくりの具体について述べていきたいと思います。

一学期にいくつかの教材で学習しましたが、授業では、四年生になってから物語を場面ごとに区切らず、学習の課題の解決に向けて文章中のことばを根拠にして、登場人物の性格や心情について考えを選択して読み取る学習を重ねてきました。しかし、これまで読んできた物語は比較的単純なあらすじでハッピーエンドで終わるものが多く、人物の複雑な心情について考えたり、一人一人が自分で解釈して考えをつくり出したりできるまでには至っていません。

本教材「ごんぎつね」と出合った子どもたちは、物語の最後の場面でごんが撃たれるという悲劇的な展開に、衝撃を受けることでしょう。そして、心の奥でごんの死をもってしか通じ合えなかったごんと兵十の境涯にことばにならない切なさや悲しみを感じることと思います。「なぜ、こんな悲しい結末になってしまうんだろう。」そのような強い思いをもたせて学習への原動力にしたいと思います。

## （2）学習のゴールである目指す子どもの姿を明確にしよう

前章でも述べましたが、教材「ごんぎつね」の特性は、ごんの心の奥にある「思い」が文章に明らかにされていない点です。そのことばにならないごんの思いを読者は感じ取りながら読んでいます。そして、ごんの死という衝撃的な物語の結末を迎えることで、ごんの思いを感じ取っていた読者の心が揺り動かされるのです。

そこで、本教材を通しては、子どもたちに「**推論する力**」を身につけさせたいと思います。物語への感動を原動力にして、ごんの心の奥底にある「思い」を明らかにすることを課題に設定します。文脈や叙述から「ここに…と書いてあるから、おそらく〜だろう。」「前の場面に…と書いてあるから、おそらく〜だろう。」と根拠を挙げて理由（解釈）を説明させるようにします。そして、友達の説明を聞いて、自分の考えを強化したり、付加や修正をしたりして、物語に対する最終的な自分の考えをもたせます。

## （3）学習課題と学習活動を設定しよう

本教材は、ほとんどの場面がごんの視点から描かれます。それによって読者はごんに寄り添いながら、ひとりぼっちのごんの立場やごんの死に悲しみを強く感じます。そして、ごんの死を一層強い悲しみに高めているのが、物語の中に見え隠れする、つぐないをしながらもどこかで兵十に自分の存在に気づいてほしいと期待するごんの願いであり、「引き合わないなあ。」と言いながら、その明くる日もこっそりと栗を持って行くごんの健気さでしょう。しかし、そのようなごんの心情については、作品中に明示されてはいません。作者新美南吉の巧みな表現や構成上のしかけにより、読者の中に朧気に感じられるのです。

子どもたちには初読の感想を書いて発表し合う中で、単元を通した学習課題を「なぜ悲しい結末になるのか、ごんの気持ちやその変化から考えよう。」と設定します。その悲しみを一層感じさせるために、学習の前に同じ作者である新美南吉の「手ぶくろを買いに」を紹介します。本作品には、同じきつねが登場人物として描かれます。比較することで、ごんの設定にも気づきやすくなるでしょう。

そして、次のような流れで単元を通した授業を計画します。

①**「ごんは悪いきつねか」（ごんの人物設定）**について話し合うことを通して、いたずらをするごんの気持ちについて考えさせる。

②**「ごんが兵十に栗や松茸を持って行くのはなぜか」（ごんの変化）**について話し合うことを通して、いたずらを後悔したごんがつぐないを始めた理由について考えさせる。

③**「ごんには兵十に気づいてほしい気持ちがあるのか」（ごんの心の奥の気持ち）**について話し合うことを通して、存在に気づいてほしい期待から落胆へと変わるごんの気持ちの変化について考えさせる。

④**「この物語はごんと兵十にとって満足のいく結果となったのか」（ごんと兵十の変容）**について話し合うことを通して、兵十の後悔と気づいてもらえたごんの気持ちについて考えさせる。

また、悲しみを生み出す要因である人物の関係について、本教材に似た人物の関係が描かれた「おにたのぼうし」（あまんきみこ）を紹介します。そして、二つを比較しながら、なぜ悲劇的な結果になったのかについて考えをもたせます。

物語は、兵十は真実を知らないけれども、ごんと読者は知っているという状態で展開していきます。兵十が真実に気づくのはごんが撃たれた後です。

また、ごん自身も自覚していないかもしれない心の奥の気持ちを読者は感じます。

そこで、本単元では、**教材の特性に応じた活動**として単元を通して子どもたちからごんの思いを受け止めるようなごんへ手紙を書く活動を設定します。

「手紙」という形式にして、ごんへの強い思いをもつ子どもたちにごんに語りかけるように書かせます。そうすることで、子どもたちは物語に対して批評家のように述べるのではなく、登場人物に共感しながら自分の解釈や考えを意欲的に表現するだろうと考えたからです。

また、書かせる際には、その時間の課題に対する自分の考えをごんに伝えさせるようにすることで、子どもたちは話し合ったことや板書をもとに自分の考えを根拠を挙げながら整理して表現することを期待しました。

## 指導計画（全8時間）

1　初読の感想を書いて、学習課題について話し合う。

(1)初読の感想を書いて発表し、学習課題について話し合う。

○物語を読んで感じた感動や疑問を文章にまとめること。

学習課題「なぜ悲しい結末になるのか、ごんの気持ちやその変化から考えよう。」

(2)場面分けをし、音読練習をする。

○本文を間違えずに音読すること。

2　課題について話し合いながら、ごんの心の動きを読んでいき、ごんへの手紙を書く。

(1)「ごんは悪いきつねか」について話し合い、いたずらをするごんへの手紙を書く。

○ごんの境遇からいたずらをする気持ちについて考え、ごんの気持ちに共感しながら手紙を書くこと。

(2)「ごんが兵十に栗や松茸を持って行くのはなぜか」について話し合い、ごんへの手紙を書く。

○いたずらを後悔したごんがつぐないを始めた理由と兵十の境遇について考え、兵十に親しみを感じるごんの気持ちを考えながら手紙を書くこと。

(3)「ごんには兵十に気づいてほしい気持ちがあるのか」について話し合い、ごんへの手紙を書く。
○存在に気づいてほしい期待から落胆へと変わるごんの気持ちの変化について考え、「引き合わない」と言いながらも、その明くる日も栗を持って行くごんへの手紙を書くこと。
(4)「この物語はごんと兵十にとって満足のいく結果となったのか」について話し合い、兵十からごんへの手紙を書く。
○兵十の後悔と気づいてもらえたごんの気持ちについて考え、兵十の立場からごんへの手紙を書くこと。

3　人物の関係から物語を読み比べ、悲劇が生まれた原因について自分の考えをまとめる。
(1)「ごんぎつね」が悲しい結末になった理由について話し合う。
○ごんと兵十の設定や関係から悲劇が生まれる理由について考え、自分の考えをまとめること。
(2)「おにたのぼうし」が悲しい結末になる理由について話し合う。
○「ごんぎつね」の人物の関係を参考に、悲劇が生まれる理由について考え、自分の考えをまとめること。

【参考文献】

・大槻和夫編『国語科重要用語300の基礎知識』二〇〇一年、明治図書
・田近洵一・井上尚美編『国語教育指導用語辞典』一九八四年、教育出版
・岡本明人編『ディベートで「ごんぎつね」を教える』一九九六年、明治図書

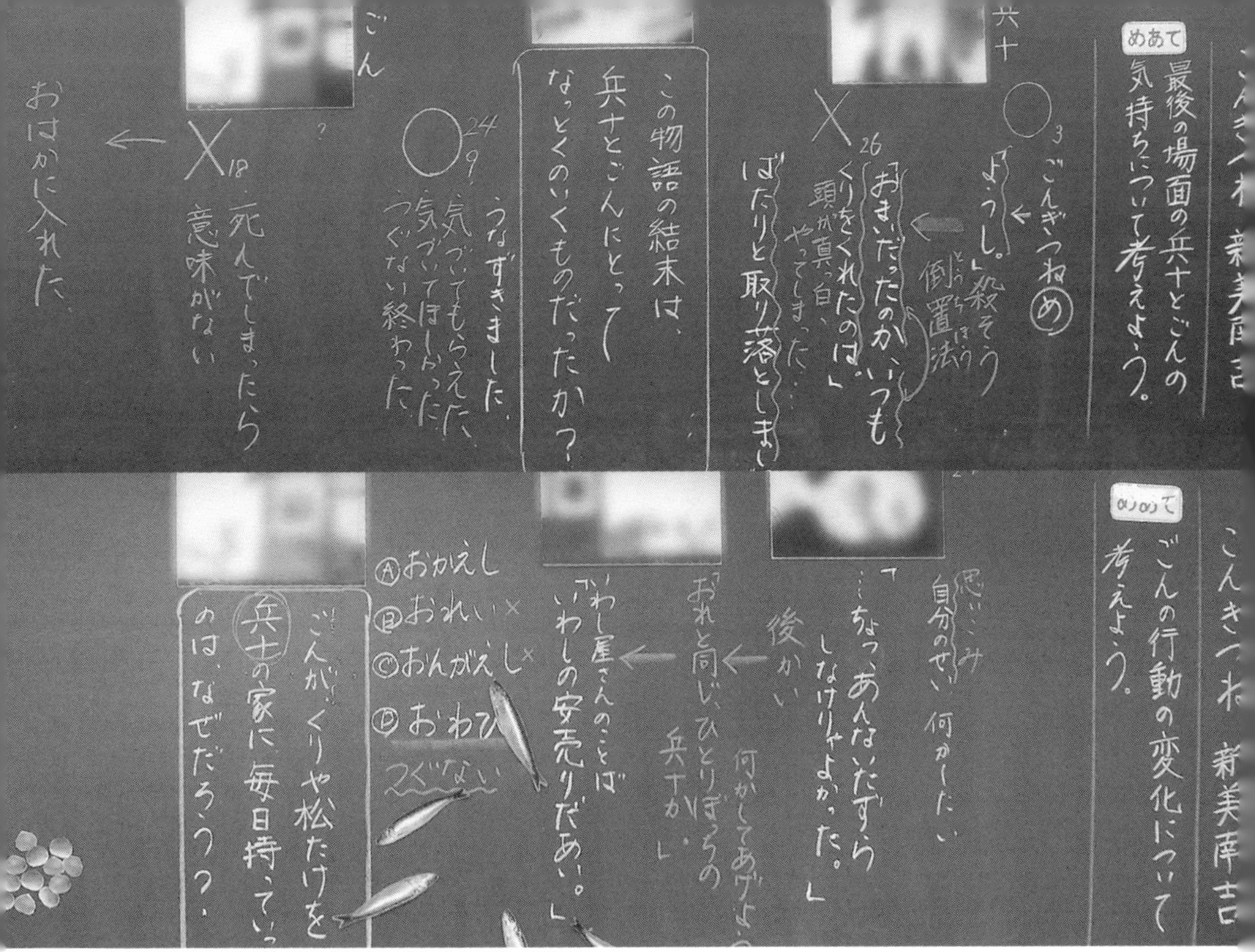


# 第３章

# 板書と思考の流れで展開がわかる　実践！「ごんぎつね」の授業

これまで「教材の分析・解釈」、子どもたちに応じた「指導法の構想、指導案の作成」を行ってきました。しかし、授業の「設計図」ができただけで、授業ができ上がったわけではありません。実際の授業へと具現化するためには専門的な技能が必要です。それが、**臨機応変な対応力**です。本章では、実際の子どもたちの反応に対して教師がどのように考えて対応し、授業を展開するのかについてご紹介していきます。

授業で物語を読んで話し合う学習を行う場合、指導者が最も力を入れるべき場面は、二つだと考えます。授業の導入で子どもたちに**課題を共有させる場面**と子どもたちの発言を教師が聴いて**授業を組織していく場面**です。

課題を共有することとは、子どもたちにとって一人一人が一時間の授業に「参加」する原動力となります。

子どもたちの読みや考えの深まりが期待できる課題を設定し、その課題に対して、「それについては、私はこう思うんだけど、みんなは違うのかな。」「えっ。考えたこともなかった。」「おもしろそうだ。みんなで考えてみたい。」などのような子どもたちの気持ちを引き出す導入の工夫をしなければなりません。

また、子どもたちの発言を聴いて集団の思考を組織していく場面では、発言の仕方や周囲の子どもたちの話の聴き方などの学習規律の指導ももちろん大切ですが、それ以上に発言する子どものことばを教師が聴きながら、分析し、授業を方向づけていくことが重要です。

教師は、自分が教材を徹底的に分析して得た解釈が唯一の「答え」ととらえがちです。そして、それを授業の中で子どもたちにことばで言い当てさせようとする場面をよく見かけます。

しかし、そのような授業を繰り返していると、子どもたちはだんだんと発言しなくなってきます。教師は、欲しいことばを子どもに言わせることに躍起になるのではなく、子どもたちがその時点でどのように解釈しているのかを子どもたちのことばから分析し、どこに焦点を当てて集団で考えさせればいいのかを考える必要があります。

具体的には、次のようなことです。

**・この子は何を言おうとしているのか。**
**・なぜそんな表現をするのか。読み誤りの原因は何か（表現するために選択したことばか、着目したことばの違いか、解釈か、基盤となる自身の知識や経験などか）。**
**・教師が目指す学習のゴールのどこに位置づくのか。その子の解釈はどこまで迫り、何が足りないのか。**
**・他の子の考えとどこが同じで違うのか。他の子にいっしょに考えさせるべき点はあるか。**
**・この意見をこれからの展開にどのように生かせるか。**

これらのようなことを分析・判断しながら、教師は子どもたちの発言を聴かなければならないのです。本章では、実際に行った授業をご紹介しながら、板書や教師の発問に対する子どもたちの反応、また状況に対応する教師の思考の流れについても考えてみましょう。

第一次では、まず最初に全文を読み、初読の感想を書きます。初読の感想では、物語と出合ったときの子どもたちの素直な感想を書かせたいものです。

しかし、感動が強すぎるとどこから何を書いていいのかわからなくなる子も少なくありません。衝撃的な結末を迎える本教材ならなおさらのことです。

そこで、初読の感想では次のような観点を与え、感想を書かせます。

| 与える観点 | 教師のねらい |
|---|---|
| 物語を読んで感じた気持ち | 物語を読んで感じた気持ちや全体の印象は、単元を通した課題の設定（の見直し）や単元の導入場面で生かすことができる。<br>「読後に悲しみを感じるのは、なぜだろう」というような課題から作品の表現や構造などに向かわせることができ |

| | |
|---|---|
| | る。 |
| **一番心に残った場面とその理由** | 子どもたちの感想の多くは、人物が変容したり物語で一番盛り上がったりした場面に集中する。そのことから「○○はなぜ…したのだろう」などの単元を通した課題の設定に生かすことができる。<br>また、文章を書くことが苦手な子も、一番心に残った場面を指し示すことはできる。その理由を尋ねて書かせればいいので、ほとんどの子が書きやすい観点である。 |
| **思ったこと・考えたこと** | 思ったことや考えたことには、子どもたちの解釈が含まれることがある。その解釈の違いや誤読をもとに各時間の課題の設定（の見直し）や各時間の導入場面、または確認場面で生かすことができる。 |
| **疑問に思ったこと** | 疑問に思ったことには、子どもたちの率直な疑問が書かれ、経験的に不足している知識なども知ることができる。 |

| | |
|---|---|
| | 各時間の読みの課題や確認すべきことの計画に生かすことができる。 |
| **自分だったら** | 文学を読む場合、常に自己を見つめさせながら読ませたい。「自分だったら…したのに、○○はなぜ〜したのだろう」と考えさせることで、人物の立場になり、人物の視点で考えるきっかけにすることができる。最終的には、人物や作品の評価へとつながる観点となる。 |

**【子どもたちが書いた初読の感想の例】**

● 「ごんぎつね」を読んで感じた気持ちは、最後がとても悲しいなあと感じました。一番心に残った場面は、「ごん、おまいだったのか、いつも、くりをくれたのは。」のところです。わけは、くりなどをごんがいつも持ってきてくれていたと兵十が分かってくれたからです。

考えたことは、兵十がごんをうったことをきっと後かいしているだろうなあと考えました。気づいたことは、兵十がいわし屋にぶんなぐられたのがとてもかわいそうだと思いました。

ぎ問に思ったことは、なんでごんをじゅうでうったんだろうと思いました。

●「ごんぎつね」を読んで、最初のごんぎつねはいたずらばかりするきつねだったけど、兵十が兵十の母に食べさせようと一生けん命とったうなぎを、ごんぎつねがいたずらでとったりしたことをもうしわけないとか責任を感じて、毎日自分から進んでくりや松たけをもうしわけないという気持ちで、兵十におくっていることがわたしはすごいと思いました。

最後の火なわじゅうでうたれたというところが、とてもさびしくて、悲しい結末でした。でも、悲しい結末だったけど、最後にごんぎつねのもうしわけないという気持ちが兵十に伝わってよかったです。

子どもたちの多くは、本作品を読んでやはり「悲しい」と感じていました。また、心に残った場面で第六場面を挙げて、「なぜこんな結末になってしまったのか」と感じたり、撃たれた後のごんの気持ちを想像したりする記述も多く、単元を通した学習課題につなげられました。他にも、ごんの変化について自分なりの評価をしている子や栗や松茸を毎日兵十に届けるごんの思いに対する疑問について書いている子も見られ、授業場面での生かし方（それぞれの時間の読みの課題の設定と見直し、導入場面で紹介する、話し合いの中で紹介するなど）について計画を立てました。

# 第2次 課題について話し合いながら、ごんの心の動きを読んでいき、ごんへの手紙を書く。

## 第1時 「ごんは悪いきつねか」について話し合い、いたずらをするごんへの手紙を書く。

**指導目標**
○ごんの設定を読み取り、その境遇からごんがいたずらをする気持ちについて考え、ごんの気持ちに共感しながら手紙を書くこと。

ごんぎつね　新美南吉

めあて
ごんの人物像について考えよう。

・いたずらばかり
畑…いもをほり散らす（育てた）
菜種がら…火をつける
とんがらし…むしり取る
人のものにいたずらする

**課題の共有**

子どもの感想から、ごんが悪いきつねなのかを問いかけ、自分の考え（立場）を表明させる。

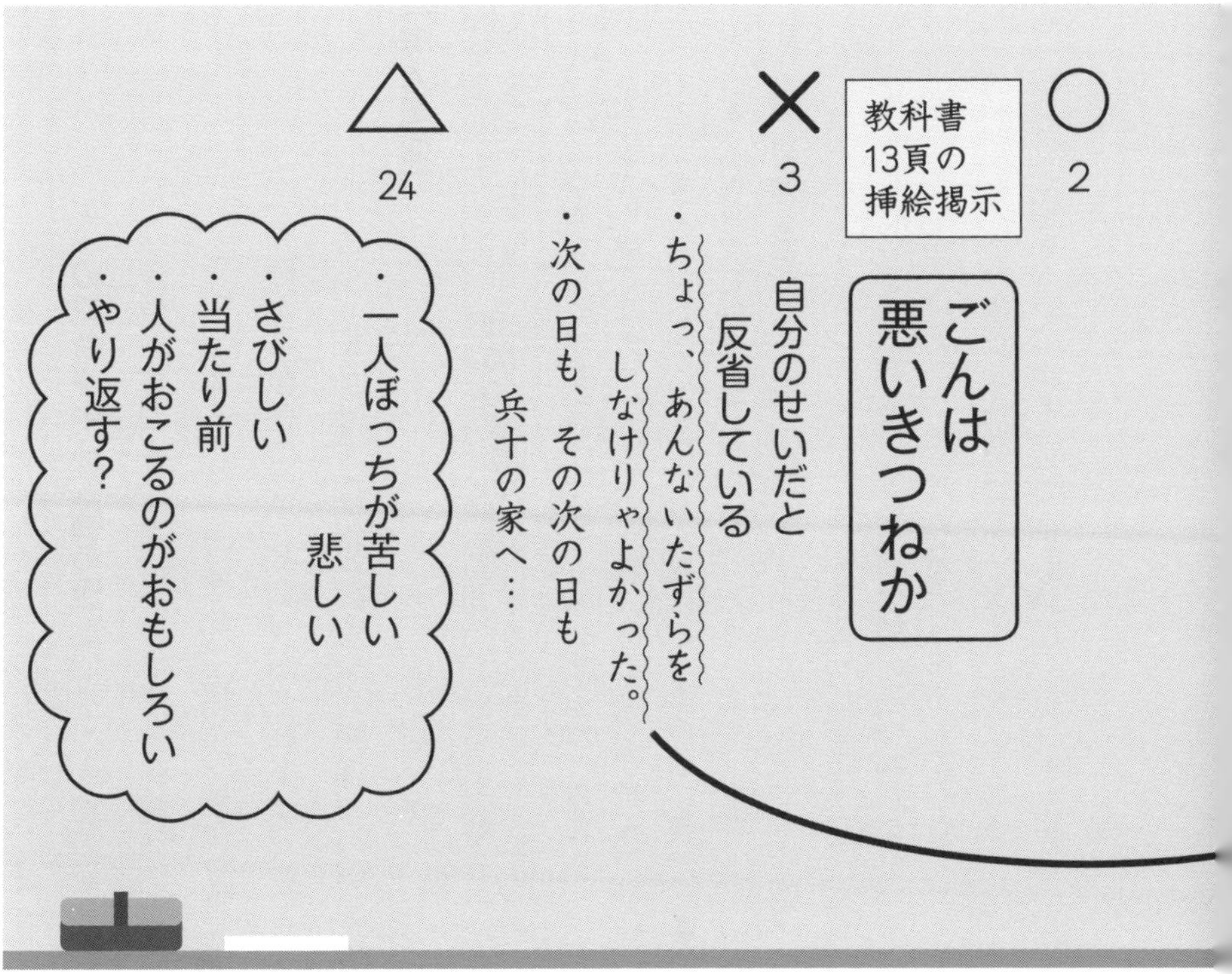


※教科書は平成27年度版光村図書を使用

**考えの発表**

自分の考えの根拠になった本文のことばとその理由について発表し合う。

**深める問い**

「なぜごんはいたずらばかりするのか」を問いかけ、ごんの境遇やいたずらする気持ちについて話し合う。

**考えのまとめ**

話し合ったことをもとに、ごんへの手紙を書く。

物語を教材にした授業を行う際に、まず子どもたちに理解させなければならないのは、**物語の舞台や中心人物の設定**です。人物の変容を理解するには、最初にどんな人物であったのかを理解しておく必要がありますし、物語の舞台が大きく関係している場合もあります。

「ごんぎつね」の場合、物語の舞台や語り手を考えることで、ごんの物語を語り継いできた村人の存在にはっと気づかされます。そこで、物語の舞台については学習の後半に扱うことにし、まずは、ごんの設定や人物像について考えさせる学習を設定します。

## 【導入場面】

| 授業の実際の様子 | 教師の思考の流れ |
| --- | --- |
| T　みんなが書いた感想を読ませてもらいました。みんな、すごく深く考えて書いていたね。そこで、今日みんなで考えてみたいことがあるんだけど、その前に書いた感想を少し紹介してもらいたいと思います。…さん、発表してください。<br>C　はい。「ごんぎつねを読んで、一番最初にいたずらばかりしていましたと書いてあって、悪いきつねだなと思いました。だけど、最後になるにつれ、すごくやさしくなって、感動する話になってきました。うなぎをとってしまって、兵十のおっかあが亡くなって、兵 | ⬇ごんについて「悪いきつね」「やさしい」と記述している子の感想を聞かせることで、ごんの人物像についての課題意識を喚起しよう。 |

十がつらい思いをしていたところで、くりやまつたけを持って行っていました。やってしまったことを悪かったと思ってやっていたので、わたしも見習おうと思いました。最後にごんぎつねは亡くなってしまったけど、毎日くりやまつたけをもっていって、やさしいなあと思いました。」

**ポイント**

**T　今の…さんの感想や他の人の感想の中にもたくさん書いてあったんだけど、先生には気になったところがありました。…さんは、ごんのことをどんなきつねだと言ってた。**

C　やさしいきつね。
C　悪いきつね。
T　本当は、どっちなの。
C　やさしい。
C　悪い。
C　ううん、やさしいけど、悪い。
C　悪いけど、やさしくなった。
T　今日は、そこのところ、ごんの人物像について考えてみたいと思います。ごんは、悪いきつねなのかな。
（「ごんは、悪いきつねか」と中央に板書する。）

⬇一人の子だけではなく、多くの子がごんの人物像について触れて書いていたことを伝えたい。

⬇ここで、みんなの考えをゆさぶろう。

⬇よし、子どもたちが今日の課題をもち始めたぞ。

初読の感想で、どの子もごんの行動やその変化について述べます。子どもたちの多くが、ごんに対して共感的に「やさしい」「反省する心をもっている」などのようなことばを書いており、ごんの優しさや素直さを感じ取ります。しかし、ごんの設定と関係づけた複雑な心の内まで意識して書ける子はあまりいません。そこで、ごんのことを「悪いきつねだなと思いました。」と書いた児童の感想を紹介し、教師から「本当はどっちなのか」とゆさぶりをかけることで、気持ちと行動が一致しないごんの内面にスポットを当て、子どもたちに学習課題をつかませるようにします。

**【展開場面】**

| 授業の実際の様子 | 教師の思考の流れ |
|---|---|
| T（ゆっくりと）ごんは、悪いきつねなのかな（○を書く）。悪いきつねではないのかな（×を書く）。<br>C 先生、△もいいですか?<br>T △もいりますか。<br>C いります。<br>T じゃあ、△も書こう。△って何だろうなあ（△を書く）。では、○だと思う人。（子ども挙手）二人。では、×だと思う人。（子ども挙手）三人。△だと思う人。 | ●ポイント ⬇スタートは二者択一にして、子どもたちが考えやすくしよう。<br>⬇△の意見も出てきたぞ。きっと複雑なごんの気持ちを感じ取っている子も多いな。<br>⬇○の子は、きっとごんのいたずらの悪質さについて考えているんだろう。×の子は、ごんが本来もっている相手を思う心だろう。やはり、△を出したことで、△の意 |

（子ども挙手）二十四人。

T　△という人は、悪いところも、そうでないところもあるということかな。

C　はい。

●ポイント

**T　では、ごんが悪いきつねだとわかる「証拠」に赤で線を引きましょう。いや、悪くないという「証拠」には、青で線を引きましょう。では、始めてください。**

（子どもたちが教科書の本文に線を引く。）

T　では、聞いてみます。まず、○の「証拠」から聞こうかな。最初に○だと思った二人は、どこに線を引きましたか。

C　八ページの七行目の「そして、夜でも昼でも、辺りの村へ出てきて、いたずらばかりしました。」のところに線を引きました。

C　同じです！（多くの子たちが反応する。）

C　ぼくは、その後の「畑へ入っていもをほり散らしたり、菜種がらのほしてあるのへ火をつけたり、百姓家のうら手につるしてあるとんがらしをむしり取っていったり、いろんなことをしました。」に線を引きまし

見が多くなったな。話し合いやすくするために、△には○と×の両方の考えがあることを確認しておこう。

➡行動と気持ちが一致しないごんの気持ちを感じさせるために、考えの根拠となるところに色分けして線を引かせよう。

➡みんな集中して線を引いている。きちんと課題が理解できているな。

➡まずは、○の考えの根拠となったことばだけを発表させよう。

➡やっぱりいたずらの部分に着目しているな。

➡ごんのいたずらの質について意識できているのかな。

た。
C　同じです！（多くの子たちが反応する。）
T　みんな、同じところに線を引いているようですね。どうしてここが、悪い理由になるの。
C　農家の人が大切に育てたいもをほり散らすのは、せっかく育てたのにひどいと思う。
C　わたしも、いもや菜種がらやとんがらしは、農家の人が大切に育てたりしたものだから、それをほり散らしたり、火をつけたり、むしり取ったりしたら、農家の人たちが悲しむから、悪いと思う。
C　火をつけたら、火事になって、人が死んでしまうかもしれなから危ない。
T　なるほど、本当にその通り、危ないよね。「ほったり」と「ほり散らしたり」は、どう違うの。
C　「ほる」はただ掘るだけだけど、「ほり散らす」は、掘った後に散らかす感じ。
C　辞書で調べたら、散らすは、「ばらばらにする」と書いてあります。
T　じゃあ、「取る」と「むしり取る」は。
C　「むしり取る」は、こんな感じ（ジェスチャーを交えて）。

⬇いたずらを具体的にイメージさせるために、根拠となった理由を他の子たちを巻き込んで考えさせよう。

⬇もっと叙述を意識させるために、ことばを比べてごんの行動を意識させよう。

ポイント
⬇このように授業の中で辞書を引いて役に立った経験を積み重ねることで、辞書を活用して考えるようになるだろう。

C　辞書には、「むしる」で、「つかんで引き抜く」って書いてあります。

T　別におなかがすいているわけじゃないのに、ほり散らすなんて、ひどいよねえ。すごく悪い感じがするんだけど、それでも、×だという「証拠」は、どこ。教えてください。

C　わたしは、十六ページの五行目の「兵十のおっかあは、とこについていて、うなぎが食べたいと言ったにちがいない。…ちょっ、あんないたずらをしなけりゃよかった。」に線を引きました。

C　ぼくは、十九ページの四行目の「次の日も、その次の日も、ごんは、くりを拾っては兵十のうちへ持ってきてやりました。その次の日には、くりばかりでなく、松たけも二、三本、持っていきました。」のところに線を引きました。

T　なるほど。どうして、「ちょっ、あんないたずらをしなけりゃよかった。」のところが、×の「証拠」になるの。誰か教えて。

C　ごんが兵十が捕った魚を逃がすいたずらをして、うなぎを盗んでしまって、それで兵十のおっかあが死ん

⬇ごんのいたずらがひどいことを印象づけて、「それなのに、なぜなのか」という発問をすることで、子どもたちは思わず考えようとするだろう。まずは、考えの根拠となったことばだけを発表させよう。

⬇この子は、いたずらを後悔するごんが本来もっている優しさや素直さのことを言いたいのかな。

⬇この子は、ごんのつぐないを続ける姿から、本当は悪いきつねではないことを言いたいんだな。

ポイント

⬇根拠として出されたごんの思いや行動から、根拠となった理由を他の子たちを巻き込んで考えさせよう。

⬇この子は、「自分のせいでおっかあを死なせてしまった」とごんが思っていると思っているな。

でしまったから、自分のせいだと思ってるから。

C　ごんが、兵十のおっかあを死なせてしまって、悪いなあと思って反省しているから。

**ポイント**

**T　えっ、ごんが兵十のおっかあを死なせたの。**

C　いや、そうじゃなくて。

T　どういうこと。

C　ごんが死なせたんじゃなくて、そう自分で思ってる。

C　自分で思い込んでいる。

C　勘違いしていると思う。

T　そうか。本当のところはどうかわからないけれど、ごんがそう思ってしまったんだね。でも、（黒板を指しながら）こんなふうないたずらするのは、ひどいでしょう。ごんは悪くないという人、どうしてごんはいたずらするの。

C　何か、いたずらするのが当たり前っていうか、人が怒ったりするのが楽しくて、やってるんだと思う。

C　ごんが前に人間にひどいことをされて、やり返してるのかもしれない。

➡この子もごんの兵十に対する申し訳なさや後悔のような気持ちは感じているけど、「おっかあを死なせた」と表現している。確認しよう。

➡「ごんが勝手にそう思っている」「事実かも知れないけど、そうでないかもしれない」ことは、確認できた。

➡「いたずらの悪質さ」と「ごんが本来もっている優しい心」は確認できた。ここで、兵十を思いやれる心をもつごんがなぜ人にいたずらをするのかの理由について考えさせよう。

➡この子は、ごんの心の奥ではなくて、ごんが自覚できる部分での気持ちを考えているのかな。

➡この子は、動物から見た人間の非情さについて考えている。もしかしたらごんがひとりぼっちになった原因も人間にあると考えているのかな。

C　さびしくていたずらするんじゃないかな。
C　ひとりぼっちが苦しいというか、悲しいというか、それでいたずらする。

●ポイント
**T　今、大きく二つに分かれたかな。「ひとりぼっちでさびしいから」という意見と「人間を困らせたいから」という意見。みんなは、どっちだと思うの。**

手を挙げてみて。「ひとりぼっちでさびしいから」。（子ども挙手）十八人。「人間を困らせたいから」。（子ども挙手）十二人。残りは迷っている人かな。そうか。でも、不思議なんだけど、ひとりぼっちでさびしいと、どうしていたずらするの。
C　こっちを向かせるというか…。
T　一人でさびしくて、みんなに構って欲しいから、いたずらしてしまう。こんな気持ちってみんなわかる？同じような気持ちや経験があるなあという人は。（約半数の子たちが挙手）例えば。
C　いっしょに遊んで欲しくて、たたいて逃げたりした。
T　そうか。もしかしたら、ごんにも同じような気持ちがあったのかもしれないね。ごんのさびしさがわかる

⬇「さびしい」ということばが出てきた。ここから考えを深めていこう。

⬇出された意見を大きく二つに分けてよう。でも、ここは推測するしかないから、どちらかに決めることはできない。

⬇授業時間もなくなってきた。「さびしいから、いたずらをする。」という意見に絞って、意見を聞こう。

⬇何となくわかっている感じかな。自分たちの経験をもとにごんの気持ちに共感させよう。

⬇この経験だったら、多くの子が共感できるかな。

⬇最後にごんが「さびしさ」を感じていた証拠を確認しておこう。

ところはありますか。ちょっと探してみて。
C　八ページの六行目で「ごんは、ひとりぼっちの小ぎつねで、しだのいっぱいしげった森の中に、あなをほって住んでいました。」のところです。
C　十六ページの最後の行の「おれと同じ、ひとりぼっちの兵十か。」で、ごんのさびしい気持ちがわかる。
T　よく見つけたねえ。そうか、ごんは、さびしかったのかもしれないね。みんな、ここに出てくる「しだ」って知ってる?こんな葉っぱの（黒板に絵を描く）。
C　あっ、見たことある。
T　この植物は、日の当たらないじめじめしたところによく生えます。その植物がいっぱい生えているところに住んでいて、ひとりぼっち（間）。ごんは、どんな気持ちなのかなあ（間）。そんなごんに手紙を書きましょう。プリントを配ります（プリント配付）。
T　準備できましたか。「ごんへ。今日、みんなで君が『悪いきつね』なのかどうか話し合ったよ。わたしは、君のことを…」。この続きを書きましょう。

➡この子は、「ひとりぼっち」に気づいたんだろう。「しだ」には気づいてないようだ。後で説明しよう。

➡この子は、ごんがさびしさを自覚している箇所を見つけたんだな。「しだ」の説明をしておこう。

**ポイント**

**➡間を開けながら、ごんの状況についてゆっくりと説明することで、子どもたちはごんの気持ちに思いを馳せるだろう。**

本時では、「ごんは悪いきつねなのか」という課題をもとに、子どもたちの発言を取り上げながら、「ごんのいたずらの悪質さ→ごんのもつ優しさ→ごんがいたずらする理由→ごんの境遇」というような流れで学習を展開します。「ごんが兵十のおっかあを死なせてしまった」という読み誤りについては、「ごんの思い込み」という不十分な確認しかしていなかったため、子どもたちの中には「ごんは兵十のおっかあを死なせてしまったと思い込んでいる」という解釈をしてしまう子もいました。このような読み誤りを防ぐためには、「亡くなる前におっかあにうなぎを食べさせられなかった兵十の悲しみに対する申し訳なさ」などのような確認をするとよいでしょう。

本時の最後にはごんへの手紙を書かせますが、書くことが苦手な子たちのために書き出しを提示し、授業の板書を見たり、早く書き終わった子が発表するのを聞いたりするようにアドバイスをします。そうすることで、短くても自分の考えを書くようになります。もう一つ大切なことは、子どもたちが書いた文章をプリントや学級通信などで紹介し、フィードバックしていくことです。そうすることで、子どもたちは友達の文章を手本にするとともに、次に書くときの意欲をもつようになります。

## 【終末段階で子どもたちが書いたごんへの手紙の例】

●ごんへ　今日、みんなで君が「悪いきつね」なのかどうか、話し合ったよ。ぼくは、君のことを悪くないきつねだと思うよ。わけは、いたずらは悪いけど、後で自分がしたことをちゃんと反省して、くりを毎日持っていってあげてて、やさしいとぼくは思うけど、ごんが悪いことをしたのはひとりぼっちだからだと思います。

●ごんへ　今日、みんなで君が「悪いきつね」なのかどうか、話し合ったよ。わたしは、君のことをなっとくできないこともありません。日がささず、暗い所にすんでいるから、さみしいと思うけど、わたしはあなたに言いたことがあります。さみしいと思うけど、いたずらをするのはいけないと思います。みんなの育てた畑をぐしゃぐしゃにすると、みんなが食べられなくなります。一人ぼっちなのが、いけないんじゃないかな。

●ごんへ　今日、みんなで君が「悪いきつね」なのかどうか、話し合ったよ。ぼくは、君のことをやさしいと思うよ。わけは、ごんのせいで兵十のおっかあは死んだんだと分からないのに、自分のせいだと思って、くりやまつたけを持って行っているから。二つ目は、もう魚を川に投げてから、何も悪いことをしてないから。

●ごんへ　今日、みんなで君が「悪いきつね」なのかどうか、話し合ったよ。わたしは、君のことを悪いところもあれば、やさしいところもあると思いました。わけは、兵十に自分が悪かったと思って、くりを持って行ったり、たまには松たけを持っていったり、畑に行って百姓家のうら手につるしてあるとんがらしをむしり取ったりしていて悪いところとやさしいところがあると思いました。

何でいたずらをしたんですか。わたしは、きっとひとりぼっちで、さびしかったり悲しかったりしたんだと思いました。自分でいたずらしたことをちゃんと反省していたところがいいなあと思いました。わたしも自分でしたことをちゃんと反省しようと思いました。

くりを持って行ったり松たけを持っていったりしていたのが、とてもやさしいと思いました。でも、悪いところは悪かったです。わたしがごんだったら、自分でいたずらをしたら直せつあやまりたいです。

それと、一日ではなく毎日毎日くりなどを持っていったのですごいと思いました。ごんは、「おれが松たけを持っていってやるのにお礼を言わないで、神様にお礼を言うんじゃ引き合わない」と言っていたけど、その明くる日もくりを持って行っていてやさしいと思いました。

子どもたちは、ごんのしたいたずらの質の悪さとごんのもつ心、そしてごんの境遇を考えながら、ごんに対する自分なりの評価を書いていきます。

## 第2時　「ごんが兵十に栗や松茸を持って行くのはなぜか」について話し合い、ごんへの手紙を書く。

**指導目標**

○ごんの変化について読み取り、いたずらを後悔したごんがつぐないを始めた理由と兵十の境遇について考え、兵十の寂しさに共感するごんの気持ちを考えながら手紙を書くこと。

ごんぎつね　新美南吉

めあて

ごんの行動の変化について考えよう。

教科書
9頁の
挿絵掲示

思いこみ
自分のせい　何かしたい
「…ちょっ、あんないたずらをしなけりゃよかった。」
後かい

**課題の共有**

教師から、ごんが兵十へ何かをあげようと思ったのはどこからなのかを問いかけ、自分の考え（立場）を表明させる。

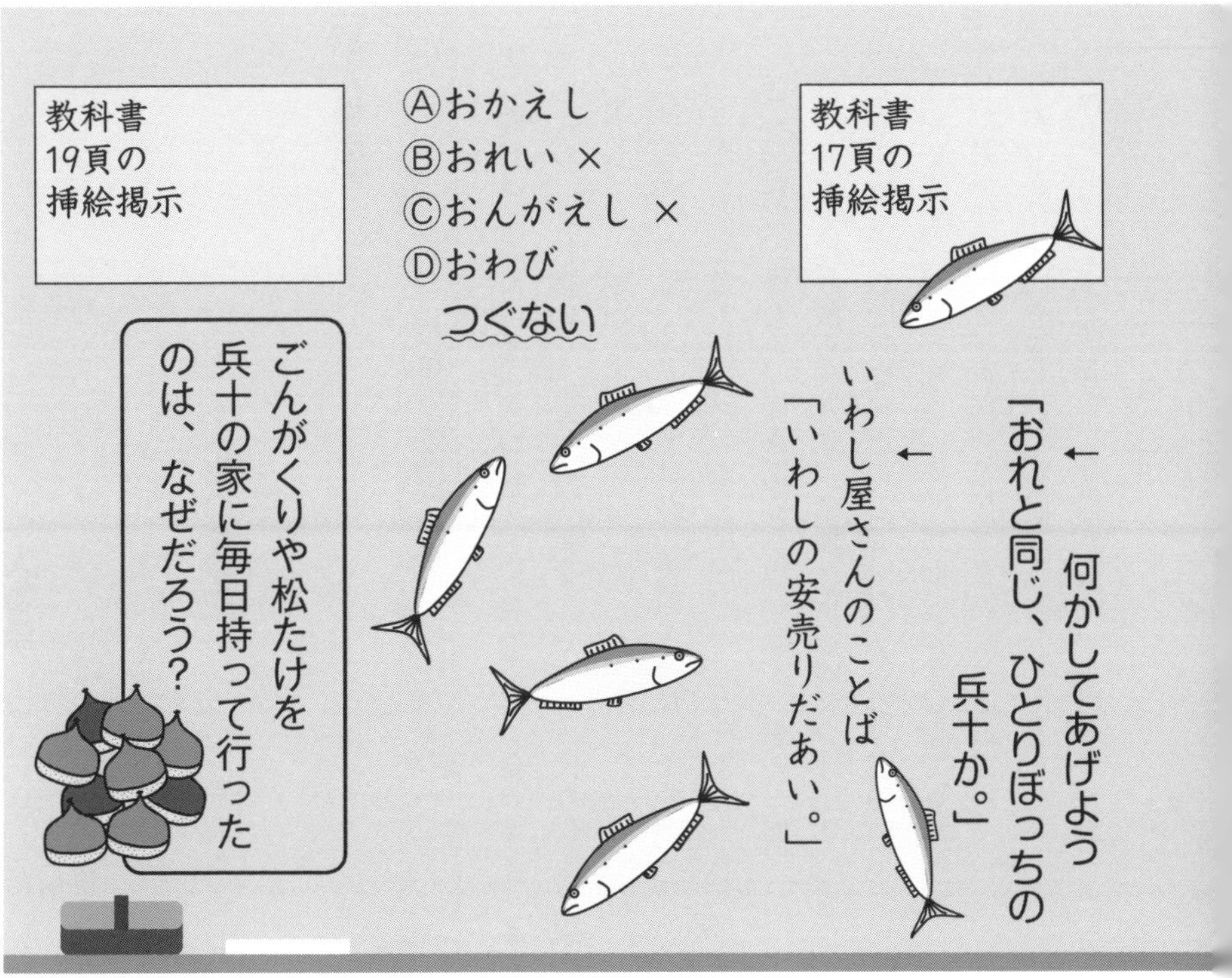


**考えの発表**

自分の考えの根拠になった本文のことばとその理由について発表させる。

**深める問い**

「ごんが栗や松茸を兵十の家に毎日持って行ったのはなぜか」を問いかけ、ごんのつぐないたいという気持ちについて話し合わせる。

**考えのまとめ**

話し合ったことをもとに、ごんへの手紙を書かせる。

前時は、ごんの**人物像**について話し合いました。村人に対して悪質ないたずらを繰り返すごんの心の内には、ひとりぼっちのさびしさがあったからだと多くの子がごんへの手紙の中で書いていています。そこで次に、「いたずらばかりしていたごんが、なぜ兵十に栗や松茸を持って行くのか」**（人物の変化）**について考えさせる学習を設定します。

## 【導入場面】

| 授業の実際の様子 | 教師の思考の流れ |
| --- | --- |
| T　昨日は「ごんは悪いきつねか」について話し合いましたね。昨日書いたごんへの手紙を…さん、みんなに紹介してください。<br>C「ごんへ。今日、みんなで君が『悪いきつね』なのかどうか、話し合ったよ。わたしは、君のことを悪い一面もあれば、優しい一面もあると思います。悪い一面は、いもをほり散らしたり、菜種がらに火をつけたり、とんがらしをむしり取ったりしていたところは、悪いと思います。いい一面は、その悪いことを自分で反省して栗や松たけなどを持って行っていたところです。なんで悪い一面や優しい一面があるかも考えました。『ひとりぼっちで悲しい』『さびしい』『人がおこった | ➡前時の学習を想起させるために、学習の流れがわかるような感想を読んでもらおう。 |

らおもしろい』『やるのは当たり前』などの意見が出ました。わたしは、一人でさびしくて、いたずらで遊んでいるような気がしました。自分で悪いことを見直しているような感じがすごくいいきつねだなと思いました。」

T　昨日書いたごんへの手紙の中に、…さんが言ったように、ひとりぼっちでさびしいから、ごんはつい村人にいたずらをしてしまっていたんだと書いていた子がたくさんいたんだけど、最初に読んだときの感想の中で、…君がこんなことを書いていました。「何で、ごんは兵十にくりや松たけを持って行ったのかなあと思いました。」何でなのかなあ。（間）今日は、…君が書いていた疑問について考えてみましょう。（「ごんがくりや松たけを兵十の家に毎日持って行ったのはなぜだろう」と板書する。）

↓ごんが寂しさからいたずらすることについて、一人だけでなく多くの子が書いていたことも知らせたい。

ポイント

**↓一人の子どもが初読の感想で書いた疑問を投げかけて、本時の課題にしよう。**

↓問いを投げかけて間を開けることで、子どもたちの頭の中では「なぜだろう。きっと、それは…じゃないかな。」というような考えが浮かぶはずだ。

前時の学習を想起させるために、教師が説明したり一つ一つ確認したりすることはせずに、前時の学習の流れがわかりやすく書かれている子の感想を読ませます。そして、一人の子が初読の感想に書いていた疑問から本時の課題を設定しましたが、この時点ではまだ子どもたち自身の問いにはなっていません。「なぜだろう」という問いに対して、一人一人の子がぼんやりと考えている状態です。この後、それぞれの考えの違いを教師が明確にしていく中で、その子の問いへと変化していきます。

## 【展開場面】

### 授業の実際の様子

T　ごんが栗や松茸を兵十の家に毎日持って行ったのはなぜかという理由を考える前に、どこでごんがそう思い始めたかについて考えてみましょう。ごんが兵十へ何かをあげようと考えたのは、どこからですか。「ごんは、ここで思った」というところに赤で線を引きましょう。

（子どもたちが教科書の本文に線を引く。）

T　では、聞いてみます。どこに線を引きましたか。

C　十六ページの五行目の「そのばん、ごんは、あなの中で考えました。…ちょっ、あんないたずらをしなけりゃよかった。」に線を引きました。

C　同じです！（多くの子たちが反応する。）

C　ぼくは、十七ページの三行目の「ごんは、物置のそ

### 教師の思考の流れ

**●ポイント**
**➡いきなり理由について話し合えば、考えるのが難しい子にとっては、参加できない話し合いになってしまう。ごんの心の動きをとらえさせてから、理由について考えさせよう。**

➡そのために、ごんの心が変化したところに線を引かせよう。意見は第二場面の最後と第三場面の二つに分かれるだろう。そこを話し合えば、それぞれのごんの心の動きが見えてくるはずだ。

➡やはり、第二場面の最後に着目しているな。

➡多くの子が同じところに着目しているようだ。

➡この子は、ごんの心の動きについてよく考えられてい

ばをはなれて、向こうへ行きかけますと、どこかでいわしを売る声がします。…ごんは、そのいせいのいい声のする方へ走っていきました。」に線を引きました。

C　わたしも「ちょっ、あんないたずらをしなけりゃよかった。」に線を引きました。

T　今、「ちょっ、あんないたずらをしなけりゃよかった。」のところと、「いわしの安売りだあい。」というわし売りの声を聞いた場面に分かれているみたいだけど、どっちなのかな。手を挙げてください。「ちょっ、あんないたずらをしなけりゃよかった。」（子ども挙手）二十四名。「いわしの安売りだあい。」というわし売りの声を聞いた場面。（子ども挙手）三名。他の子は迷っているのかな。ここは隣と自分の考えの理由について話し合ってみましょう。（ペアで話し合って発表する。）

C　わたしは、「ちょっ、あんないたずらをしなけりゃよかった。」だと思う。ごんは自分のせいで兵十のおっかあを死なせてしまったから、反省して兵十に何かしたいと思ったと思う。

T　ごんが兵十のおっかあを死なせたんだったけるな。

---

**ポイント**

⬇今、出された意見を二つに分類して、その理由を話し合うことで、ごんの心の動きに迫らせよう。

⬇手を挙げていない子が多いな。別の意見があるのかな。まずは、ペアで話し合わせて、自分の考えをはっきりさせてから、意見として出させよう。

⬇みんな集中して話し合っているな。

⬇この子は、第二場面のごんの気持ちを「反省」ととらえて、この時点で兵十に何かしたいと思ったと考えたんだな。「おっかあを死なせた」と表現しているから確認しておこう。

C　そう思いこんでいる。

C　ぼくは、どちらでもなく、「おれと同じ、ひとりぼっちの兵十か。」のところだと思う。「ちょっ、あんないたずらをしなけりゃよかった。」のところは、いたずらして悪かったなあと思っていて、そして、兵十の所に行ってひとりぼっちの兵十を見て、何かしてあげようと思ったと思う。

C　わたしも、「おれと同じ、ひとりぼっちの兵十か。」のところだと思う。「ちょっ、あんないたずらをしなけりゃよかった。」のところは、いたずらしたことを後悔していて、ひとりぼっちの兵十を見てかわいそうだから、お返しに何かしてあげようと思ったと思う。

T　ん、何だかごんの心の動きが見えてきたね。少しまとめます。「ちょっ、あんないたずらをしなけりゃよかった。」のところは、兵十のおっかあがうなぎを食べられずに亡くなってしまったことで、いたずらしたことを後悔している。そして、「おれと同じ、ひとりぼっちの兵十か。」のところで、ひとりぼっちの兵十を見て、何かしてあげようと思った。そこに「いわしの安売りだあい。」といういわし売りの声が聞こえたから、兵十のためにいわしを盗んだ。

➡なるほど、さっき手を挙げなかった子たちは、「おれと同じ、ひとりぼっちの兵十か。」のところですでに心の動きを感じていたんだな。なかなか鋭い。この部分は、第一場面とつなげて考えさせたい。後で扱おう。

➡この子も第二場面を「後悔」ととらえて、ひとりぼっちの兵十を見て心が動いたと思っているな。でも、「お返し」と表現した。このことばは、後で理由の中で取り上げよう。

**ポイント**

**➡ここで一度、ごんの心の動きについてまとめておこう。**

**ポイント**
**ところで、どうして兵十が、ひとりぼっちだと何かしたいという気持ちになるの。**

C　兵十がさびしそうだから。
T　ごんにはその気持ちがなぜわかるの。
C　八ページの六行目に「ごんは、ひとりぼっちの小ぎつね」と書いてあって、ごんもひとりぼっちだから、さびしい兵十の気持ちがわかるんだと思う。
C　自分と同じひとりぼっちの仲間だから、何かしてあげたいと思ったと思う。
T　なるほどね。ごんも兵十と同じようにひとりぼっちだから、兵十の気持ちを考えてあげられるんだね。では、いよいよごんが栗や松茸を兵十の家に毎日持って行ったのはなぜかという理由を考えたいんだけど、今、同じひとりぼっちで、さびしい気持ちがわかるからという意見が一つ出されたね。さっき、…さんが、「お返しに何かしてあげたい」って言ってたんだけど、…さんが言いたいことは「お返し」ということばでいいのかな。
C　お礼。
C　恩返し。

➡第一場面のごんの設定とつなげて考えさせよう。

➡この子は、「仲間」という表現で、ごんの兵十への親近感を表現しているな。

**ポイント**
**➡「つぐない」について考えさせよう。さっきの子が発言した「お返し」という表現から迫らせよう。**

C　お詫び。

●ポイント
**T　今、いくつかの気持ちが出てきたね。この中のどの気持ちに近いのかな。この中で、これは違うでしょうというものはありますか。**

C　「お礼」が違う。お礼は、相手に何かしてもらったときにするもので、ごんが兵十に何かしてもらったわけじゃないから。

C　「恩返し」も違う。辞書には、「世話になったことをありがたいと思い、その人のためになることをすること」と書いてあって、お礼と同じだから。

C　「お返し」も似てる。

T　じゃあ、「お詫び」ってどんな意味なの。

（子どもたちが辞書で「詫びる」を調べる。）

C　「詫びる」の意味は、「自分が悪かったと認めて、許してくれるように頼む。謝る。」と書いてある。

●ポイント
**T　この中では、「お詫び」に近いみたいだね。実は、その証拠になることばが文章中にあるんだけど、わかるかな。**

（子どもたちが本文を読み出す。）

➡どの子もごんの気持ちを何となくは感じているが、「つぐない」ということばに気づかずに、自分のもっている語彙で何とか当てはめようとしているようだ。きっと一つ一つのことばの意味を知らないんだろう。
　ここは、ことばの意味を確認させたい。出された意見から違うものを考えさせて、そのことばの意味を答えさせよう。

➡「つぐない」ということばにつなげさせよう。

C　十八ページの四行目の「ごんは、うなぎのつぐないに、まず一つ、いいことをしたと思いました。」の「つぐない」だと思う。
T　「つぐない」ってどんな意味なの。
（子どもたちが辞書で調べる。）
C　「つぐない」は、「人の物を壊したり無くしたりして損をさせたときに、お金や品物で返す」です。
C　「つぐない」は、「自分の罪や過ちを他のことで埋め合わせる」と書いてあります。
T　ひとりぼっちで兵十の気持ちがわかるごんだからこそ、兵十におっかあと悲しい別れをさせてしまったことをつぐないたいと思ったのかもしれないね。じゃあ、どんなものをどんなふうに持って行ったのかな。いわしの後にごんは何を持って行った。
C　栗。
C　栗や松茸。
T　栗や松茸を持って行ってるときには、いわしを兵十にあげたときと、何か気持ちが違うのかな。ちょっと考えてもらおう。…君、ちょっと前に来て。（子どもが前に出てくると、教師がいわしの写真を黒板に貼り始める。）何匹貼ればいいのかな。

⬇気づいた子が出始めたな。辞書で調べさせて、確認させよう。

ポイント
⬇ここで理由について一度まとめておこう。そして、持って行った物の置き方をとおして、「つぐない」の中に見える変化について少し考えさせよう。

⬇いわしの写真を貼らせるのに、先に写真を出せば、いつも発言する子が出たがるだろう。よく考えているけどあまり発言していないあの子を先に指名して、前に出てきてやってもらおう。
⬇いわしの数も本文から確認させよう。

C　（子どもたちが本文を見て）五、六匹。

T　兵十が見た時のいわしの様子がどんな感じだったか、貼ってみて。

（子どもが黒板にいわしの写真をばらばらに貼る。）

C　同じです！（多くの子たちが反応する。）

T　何で、こんなにばらばらなの。

C　兵十の家に投げ込んだから。

T　じゃあ、兵十が見た時の栗の様子は、どんな感じだったか、貼ってみて。

C　はい！（多くの子が勢いよく挙手し、指名された子が前に出てくる。教師が栗の写真を一つずつ貼っていく。）

T　どれぐらい貼ればいいの。

C　（他の子が）「どっさり」って書いてある。（教師がたくさんの栗の写真を出すと、子どもが固めて貼る。）

C　同じです！（多くの子たちが反応する。）

T　なぜばらばらじゃないの。

（子どもたちが本文を見る。）

C　二十四ページの十行目に「うちの中を見ると、土間にくりが固めて置いてあるのが、目につきました。」って書いてあるから、固めて置いているんだと思う。

➡どうしてばらばらになるのかの理由を問いかけよう。栗の場合も考えさせよう。

➡栗の数を確認させよう。

➡どこから「固めて置く」とわかるのか、その理由を聞こう。

T　そうかあ、もしかしたらこのときからこんな風に固めて置いていたのかもしれないね。二つの置き方を比べて、どう違う。

C　栗の方がていねい。

C　いわしよりも栗の方が心がこもっている。

T　ひとりぼっちのごんだからこそ、ひとりぼっちになった兵十の気持ちがわかって、いたずらしたことをつぐないたいと思った。（間）つぐないの仕方も少しずつ丁寧に、心をこめていったんだね。（間）では、ごんへの手紙を書きましょう。（プリントを配付。）

T　準備はいいですか。「ごんへ。今日、みんなで君が『なぜ、兵十にくりや松たけを持っていったのか』について話し合ったよ。たぶん、君は、…（間）」、ではこの続きを書いてみてください。

⬇いわしの場合と栗の場合を比べさせて、そこからわかるごんの気持ちの違いを考えさせよう。

⬇学習で話し合ったことを間を開けながら、子どもたちに語りかけるようにまとめよう。

本時では、「ごんが栗や松茸を兵十の家に毎日持って行ったのはなぜか」という課題について考えさせます。しかし、理由を問うような課題について話し合う場合、いきなり本題から入っていくと、話し合いに参加できない子が出てきます。そこで、「『つぐない』を始めるまでのごんの心の動き→兵十のさびしさへの共感→『つぐない』の思い→『つぐない』の中でのごんの心の変化」というような流れで子どもたちの考えを確認をしながら、学習を展開します。

『つぐない』を始めるまでのごんの心の動き」については、全体を説明させるのではなく、「ごんが兵十へ何かをあげようと考えたのは、どこからか」という部分を指し示させることで、全員を参加させることができるとともに、話し合いを通してごんの心の動きの全体像が見えてきます。

子どもたちが本文をもとに話し合う授業を成立させるためには、まず全員が何度も本文を読み、どこに何が書いてあるのかを指し示すことができなければなりません。何度も本文を読ませて授業に臨ませたとしても、本文中にさらりと出てくる「つぐない」の意味についてはあまり気づいていないこともあります。そうした場合、ごんの兵十に対する思いについては、「悪かったなあ」「お詫び」のようなことばから何となく感じ取ってはいますが、適切なことばで表現できずに「お礼」や「恩返し」のようなことばを選んで発言してしまいます。子どもたちにことばの正しい意味と適切な使い方を身につけさせていくためにも、教師は子どもたちが自分のことばで発言するのを待って、その子の考えている内容や発言する理由などを分析し、タイミングを逃さずに修正していくことが大切です。

**【終末段階で子どもたちが書いたごんへの手紙の例】**

●ごんへ　今日、みんなで君が「なぜ、兵十にくりや松たけを持っていったのか」について話し合ったよ。たぶん、君は、兵十のおっかあが自分のせいで死んでしまったと思いこんで、兵十の家にくりや松たけを持っていったんだと思った。「ちょっ、あんなことしなけりゃよかった。」のところは、後かいしているんだと思う。そして、自分のせいだと思いこんだごんは、「ひとりぼっちの兵十かあ。」とつぶやいた。そこで、何かしてやろうと思ったところに、「いわしの安売りだあい。」という声が聞こえて、うなぎのつぐないにいわしをほうり投げた。でも、それが失敗してしまって、くりや松たけをおくったと思う。

●ごんへ　今日、みんなで君が「なぜ、兵十にくりや松たけを持っていったのか」について話し合ったよ。たぶん、君は、自分の思いこみで自分が兵十のおっかあを死なせてしまったと思いこんでいると思います。その思いこみから、やさしい一面が出てきました。「何でもいいからやってあげたい」という気持ちが伝わってきました。いわしをあげたり、くりをあげたりしてやさしいと思いました。ごんもひとりぼっちだから、兵十の気持ちが分かるのかもしれない。「何でもいいからやってあげたい」この気持ちをもとに、いわしやくりを持って行ってるんだなと思いました。

●ごんへ　今日、みんなで君が「なぜ、兵十にくりや松たけを持っていったのか」について話し合ったよ。たぶん、君は、一人の悲しみを知っていて、兵十がそこまでお金を持っていないことも知っているから、自分のつみをつぐなうためや悲しい思いをさせたくない、うらまれたくないという気持ちで持っていったんでしょ。

こうした記述からは、子どもたちのほとんどは、「ごんの後悔」→「孤独な兵十への共感」→「つぐない」というごんの心の流れを理解していることがわかります。しかし、ごんの後悔した理由を、前時の誤読のまま「ごんは兵十のおっかあを死なせてしまったと思い込んでいる」と読んでいる子も少なくありません。最初に訂正する必要があります。（きちんと訂正しないと、この誤読が単元最後まで続く子も出ます。）

また、「つぐない」については、子どもたちはこの時点で「悪いことをして申し訳ない」という思いだけでなく、「何でもしてあげたい」「悲しい思いをさせたくない」「うらまれたくない」など、ごんの心の中にある複雑な思いを感じ取っていることがわかります。

**〈修正した授業での子どもの反応〉**

別の学級で、「『つぐない』を始めるまでのごんの心の動き」についての話し合いを簡単にして、「ごんは何を後悔したのか。それはなぜか。」について考える時間を長めにとる授業を行った際の子たちが書いたごんへの手紙の例です。

**●ごんへ　今日、みんなで君が「なぜ、兵十にくりや松たけを持っていったのか」について話し合ったよ。たぶん、君は、親との別れを一度経験したことがあるんだよね。兵十がはりきりあみでとって行ってしまったときに、うなぎをとったのも、みんなにかかわってほしかったからだよ**

ね。それで、おっかあが死んだことを知って、物を持って行くようになったんだよね。でも、いわしを五、六ぴきとったのはいけないと思うよ。ごんはちゃんと反せいしたからいいと思うよ。くりや松たけを持って行ったから、兵十もごはんにこまらなかったんじゃない?きっとごんは、兵十の役に立っていたよ。

●ごんへ　今日、みんなで君が「なぜ、兵十にくりや松たけを持っていったのか」について話し合ったよ。たぶん、君は、最初兵十にいたずらをして、うなぎをとってしまったよね。でも、それは兵十が食べるんじゃなくて、おっかあが食べる物だと思ったよね。そして、ごんは、おっかあが死ぬ前に食べたいと言いながら兵十のおっかあは死んでしまって、ごんもお母さんとお父さんが死んだときを思い出して、いたずらをやめたとわたしは思っているよ。それで反せいして、いわしやの声がしたとき、ごんは兵十の家にいわしを投げたんだよね。でも、それもまた、兵十をいやな思いにさせてしまって、また反せいをして、くりや松たけを毎日持って行ったんだよね。

こちらの流れの方が、ひとりぼっちになった兵十に共感するごんの強い思いに迫ることができています。「つぐない」の行動へつながるごんの後悔は、その後の「引き合わない」と思いながらも、兵十に栗を届けるごんの思いにもつながる重要なポイントです。

## 第3時 「ごんには兵十に気づいてほしい気持ちがあるのか」について話し合い、ごんへの手紙を書く。

**指導目標**

○存在に気づいてほしい期待から落胆へと変わるごんの気持ちの変化について考え、「引き合わない」と言いながらも、その明くる日も栗を持っていくごんの気持ちを想像し、ごんへの手紙を書くこと。

ごんぎつね　新美南吉

めあて
ごんの心のおくについて考えよう。

お念仏がすむまで…

・自分のことに気づいてくれるかも
・どう感じてるの？

**課題の共有**

子どもの感想から、ごんには、兵十に気づいてもらいたい気持ちがあるのかを問いかけ、自分の考え（立場）を表明させる。

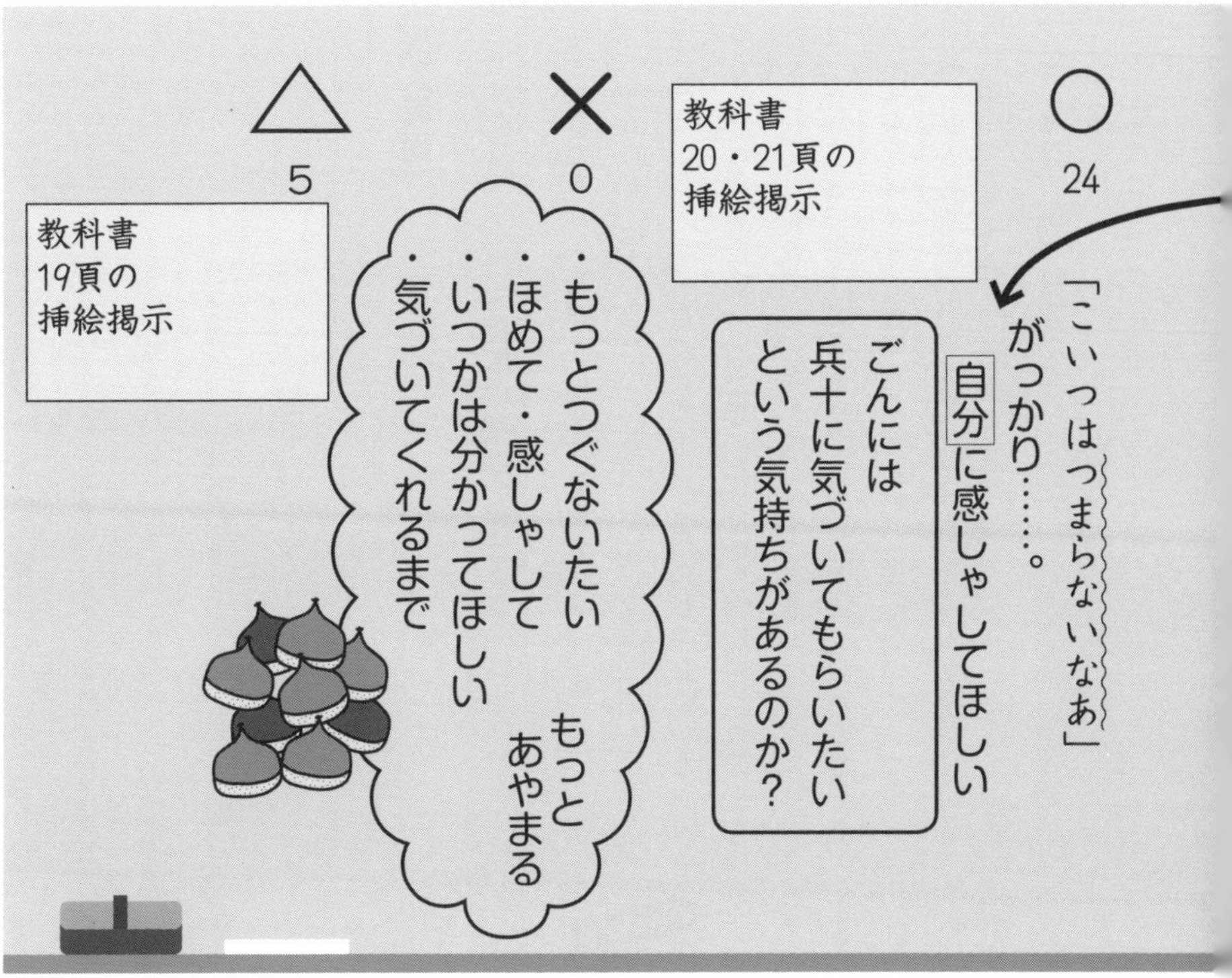


**考えの発表**

自分の考えの根拠になった本文のことばとその理由について発表させる。

**深める問い**

「その明くる日も、ごんが栗を持って行ったことからごんのどんな気持ちを感じるか」を問いかけ、ごんの思いについて話し合わせる。

**考えのまとめ**

話し合ったことをもとに、ごんへの手紙を書かせる。

前時は、ごんの**変化**について話し合いました。しかし、「つぐない」を続けるごんの心情が読めたかというと、そうではありません。教材の本質に向かって考えさせるには、ごん自身にも自覚されていないであろう心の奥の思いや願いを読んでいく必要があります。そこで、本時では第四・五場面を中心に、ごんの言動から垣間見えるごんの思いや願いについて**推論**させる学習を設定しました。

## 【導入場面】

### 授業の実際の様子

T　きのう、…君がこんなことを書いていました。「ごんも怖くて辛いんだなあと思った。でも、ごんはひとりぼっちだからもっと何か思ったんじゃないかなあ」ごんは償いたいという思いの他にも何か思ったのかな。今日は、ごんの心の奥について考えましょう。
　そこで、今日は第四場面と第五場面について考えたいんだけど、一言で言うとどんな場面なの。

C　兵十と加助が話をしていてそれをごんが聞いている場面。

C　毎日、栗や松茸が置いてあるのを不思議に思って、

### 教師の思考の流れ

**ポイント**

**➡前時の学習からさらにごんの心の奥について疑問に思っている子のことばから課題を提示しよう。**

➡まずは、場面の状況とごんの動きについて確認させたい。一言で言わせれば、「誰が何をしている場面」という表現になる。

兵十と加助が誰が置いたかの話をしてる場面。
T　なるほど。第四場面と第五場面を簡単に動きで表してみて。（人物のカードを出して）まず第四場面。一人が本文を読んであげて、一人が動かしてください。

**ポイント**

**C（二人で音読に合わせてカードを動かす。）**

T　今の動きでいいのかな。
C　違う。「おれの知らんうちに置いていくんだ。」から（ごんが）後ろに行く。
T　（カードを動かしながら）その後、ごんはどうしたの。
C　お百姓の家。吉兵衛の家に行く。
C　井戸のそばにしゃがんだ。
T　ごんは、何をしているの。
C　念仏を読んでいるのを聞いてる。
T　念仏って時間はどれくらい。
C　一時間ぐらい。
T　では、第五場面では、どう動くの。
C　（カードを動かす。）
T　ごんと兵十はどのくらい離れているの。
C　かげをふみふみだから、もっと近いと思う。

**ポイント**

**⬇ごんの行動の確認をするために、第四・五場面の人物の動きをペープサートを動かさせて、具体的にイメージさせよう。**

⬇ごんの位置や向きが変わってないな。全員でしっかり確認しよう。

⬇ごんの思いを感じさせるために、どのくらいの時間、ごんが待っていたかイメージさせたい。

⬇兵十へ近づこうとするごんの距離についても意識できていないな。

T（カードの距離を近づけて）なぜついて行ったの。
C　誰が栗や松茸を持ってきたかの話を聞こうと思ったと思う。
C　兵十と加助が誰が栗や松茸を持ってきたか話をしていて、持って行ったのはごんだから、それが気になってついていったと思う。
C　自分のことだから聞いていた。
C　二人が思っている人がだれかわかるから、もっとちょっとくわしいことを聞きたい。
T　なるほど。以前、…さんはこんなことを書いていた。
C　どんなこと。
T「きっとぼくが置いていったんだよといつか兵十に気づいてもらいたいから。」（間を開ける。）
C　気づいてもらいたい？
T（ゆっくりと）気づいてもらいたいという気持ちはあるのかな。ないのかな。（間を開ける。）
C（すぐに）あると思う。
T　今日は、このことについて考えてみましょう。（「ごんには、兵十に気づいてもらい気持ちがあるのか」（と中央に板書する。）

⬇ごんの行動については確認ができた。次は課題につながるごんの二人についていった気持ちを聞こう。

⬇なぜ聞きたいのかについての考えが出ない。以前、子どもが書いていたノートを出して、課題につなげさせよう。

**●ポイント**
**⬇今日の課題のところは、間を開けながら、全員にゆっくり語りかけるように言おう。**

第四・五場面は似たような状況なので、子どもたちに人物を印刷したカードをペープサートのように動かさせながら状況とごんの行動について確認をします（普段行わない慣れない活動だと、多少時間がかかります）。子どもたちからごんの期待感のようなことばが出ることもありますが、出ない場合には、準備していた子どものノート（初読の感想）のコピーを読み上げ、全体に問いかけます。

**【展開場面】**

| 授業の実際の様子 | 教師の思考の流れ |
| --- | --- |
| T （ゆっくりと）気づいてもらいたいという気持ちはあるのかな（○を書く）。ないのかな（×を書く）。<br>C 先生、△は？<br>T △？ そんなのあるの。<br>C ある、ある。<br>T じゃあ、△も書こう（△を書く）。では、○だと思う人。（子ども挙手）二十四人。では、×。（だれも挙手しない）いないね。じゃあ、△。（子ども挙手）五人。△というのは、つまり…。<br>C どっちもある。 | ⬇やっぱり△を出してきたな。<br>ポイント<br>⬇×はいないな。全員の子が少しは気づいてもらいたい気持ちと考えているな。「あるのか、ないのか」ではなく、「どこから気づいてもらいたい気持ちがわかるの」かについて切り替えよう。 |

T　みんな、少しはあるということだね。じゃあ、赤で兵十に気づいてもらいたいというごんの気持ちがわかる「証拠」に線を引いてください。どうぞ。

（子どもたちが教科書の本文に線を引く。）

T　では、聞いてみよう。五つ以上「証拠」を見つけた人。（子ども挙手）すごいね（以下、四つ、三つ…と挙手させていく）。見つけられなかった人。（子ども挙手）見つけられなかった人は、この時間でなるほどと思ったら、かしこくなったということだからね。では、一つ見つけた子たち、立って（九人起立）。どこに線を引いた？

C　二十三ページの前から五行目に「おれが、くりや…引き合わないなあ。」のところに線を引きました。

C　同じです！（同じ意見の子たちが反応し、座る。）

C　「へえ、こいつはつまらないな。」のところに線を引きました。

C　同じです！（同じ意見の子たちが反応し、座る。）

C　十六ページの「ちょっ、あんないたずらを…」に線を引きました。

C　どうして？

C　ぼくは、ごんが後悔してそこで少し兵十に何かした

---

➡どの子もすぐに教科書に向かい始めた。集中しているな。

➡二つと一つが多い。見つけられなかった子が一人いる。安心させよう。

➡一つしか見つけられなかった子たちから発言させよう。

➡やはりまず選ぶのは、ごんの心の中のことばを直接書いた箇所だろう。

➡この子は、どうしてそこに線を引いたんだろう。もう少し聞いてみよう。

方がいいと思ったから、それをするんだったら堂々と謝って、気づいてもらうっていうか、ちゃんとごめんなさいという気持ちを伝えたいと思うから、そこにしました。

T　なるほど、…君は、ここからも気づいてほしいという気持ちを感じたんだね。では、今出された箇所以外の意見の人、教えてください。

C　二十三ページの後ろから六行目の「その明くる日も、ごんは、…出かけました。」のところだと思います。

C　二十二ページの前から五行目に「ごんは、お念仏がすむまで…しゃがんでいました。」のところだと思います。

T　なぜ、そこに線を引いたの。教えて。

C　…何となく。

T　そうかあ。みんなは、なんで…さんがここに線を引いたと思う。

C　二人が話している話で、きつねが持ってきたという話が出ないかと思っている。

C　兵十と加助がごんが持ってきていることに気づいているのか気になったからだと思う。

C　ぼくはそうじゃないと思う。自分が持って行ったと

⬇この子は、ごんが兵十に謝罪の気持ちを伝えたいということを言いたいんだな。でも、今はそこに時間が割けない。申し訳ないが、ここでは意見を聞くまでにしよう。

⬇ごんの行動についてまだ出ていない。

⬇「気づいてもらいたい気持ち」の根拠として、もうその箇所を出してきたか。授業の後半で扱おう。

⬇ごんの行動が出てきた。まずは、ここから考えさせよう。

●ポイント
⬇他の子に考えさせるチャンスだ。全体に投げかけよう。

⬇この子は、ごんの心の中には謝罪の気持ちしかないよ

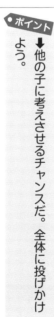

かじゃなくて、これはお詫びだから、気づいてもらうよりもごめんなさいという気持ちがあるから、喜んでもらえているかなあと思って聞いているんだと思う。

T　どう感じてもらっているかが気になったということか、なるほど。

C　私は、自分の話が出てくるのかと思って、ついて行きたいと思って待っていたと思う。

T　もしかしたら自分の話が出てくるかもという期待もあるし、…君が言うように、どう思ってくれているのかなという思いもあったかもしれないね（板書）。
　では、この「へえ、こいつはつまらないな。」からなぜ気づいて欲しいという気持ちがわかるのかな、隣と話をしてみましょう。（ペアで話し合いをして、発表する。）

C　気づいて欲しくなかったら、つまらないと思わない。

C　ぼくも似ていて、気づいて欲しくなかったら気づかれなくてよかったと思うけど、気づいて欲しいからつまらないなと思った。

C　自分が栗や松茸を持って行っているに、気づいてもらえなかったから、つまらないと思ったと思う。

C　ごんが持って行ってるのに、神様にお礼を言ったら、

うに思っているんだな。でも、この子が言うように、ごんが自分がしていることについて兵十がどう思っているのか知りたいという気持ちも否定できないだろう。

➡待っていたごんの期待感については、ここでまとめよう。

➡この箇所については、全員に考えさせるためにペアで話をさせよう。

➡みんな向かい合って、ちゃんと話をしているな。

➡「神様」についての発言が出てきた。ここから自分の

ごんが持って行っている意味がないと思う。

C　つまらないと思うなら、次から持ってこなくなると思う。

C（他の子がすぐに反応して挙手。）

ポイント

**T　ちょっと待って。さっき、…君が、「意味がない。」っていったんだけど、何と間違えられたの。**

C　神様。

T「神様」ですよ。「神様」ってどんな存在。

C　すごい。

C　一番上。

T　すごいんでしょう。その「神様」に間違えられたんですよ。

C　じゃあ、うれしい。

ポイント

**T　うれしいよね。うれしいんじゃないの、ごんは。**

C　だけど…。

C　何か、自分がしているのに、何か…。

C　自分のことじゃないから。

存在に気づいてほしいごんの気持ちをさらに深めよう。

⬇第六場面につながることも出てきた。すぐに挙手した子たちは、明くる日も栗を持って行ったごんの思いについて考えがあるんだろう。今は出させないようにしよう。ここは最後に扱おう。

⬇まずは、「神様」が表す意味について確認しよう。

⬇ここで揺さぶって考えさせよう。

⬇「自分」ということばが出てきた。

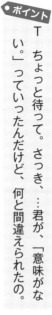

●ポイント

T　自分がいいの？「神様」じゃだめなの？

C　「神様」に間違えられても、何か自分が悲しい…。

C　兵十に自分がやっていることに感謝してもらいたいのに、だからつまらないなあと思ったと思う。

T　自分に感謝して欲しいんだね（板書）。じゃあ、さっき…君が言ったように、がっかりして持って行かないよね。でも、…さんが線を引いていたけど、その明くる日も持っていたんですよね。

C　（子どもたちがつぶやいたり考えたりしている。）

T　何を持って行ったの。

C　栗。

T　持って行った様子をやってみて。栗をどう置いたの。（たくさんの栗のカードを貼る。）

C　（栗を固めて貼る。）

C　同じです！（同じ意見の子たちが反応する。）

T　いわしの時とは違うんですよね。（間を開けて）つまらないなあと言っておいて、その翌日に栗をこっそりとこんな風に置く。ごんのどんな気持ちがわかる？（子どもたちがすぐに挙手する。）ここは隣と相談して

➡ごんの落胆した気持ちについては、ここでまとめよう。時間が迫ってきた。六場面の栗を持って行くごんの気持ちとのつながりに移ろう。

➡みんないろいろな考えがありそうだな。もう少しごんの気持ちに迫らせるために栗の置き方についても意識させよう。

➡この発問は、ゆっくりと静かに語りかけるように言って、ごんの気持ちに迫らせよう。

みましょう。
C　（ペアで話し合って発表する。）
T　（板書しながら聞く。）
C　いつか自分が持ってきているとわかって欲しい。
C　いつか気づいてもらえるかなあと思って、…ほめてもらいたい。
C　感謝して欲しい。
C　感謝は違うと思う。
C　気づいてくれるまで、持って行こうと思っている。
C　一つは気づいてくれるまでというもあるけど、もう一つは、つまらないけど、自分が兵十のおっかあにうなぎを食べさせられなかったという勘違いもあるから、罪をもっと…、ちゃんとしたいという気持ちがあったと思う。
C　もっとつぐないたい。
C　まだわかってもらえてないから…。
T　何を？
C　持って行ったことをわかってもらってないから…。まだ感謝が足りてない？
T　誰の？
C　ごんが持って行って、気づいてもらって…、気づい

➡みんな向かい合って、ちゃんと話をしている。

➡この子は、「いつかわかってもらいたい」と思っているんだな。

➡「いつかわかってもらいたい」という意見が続いているな。

➡「つぐないを続けたい」という意見が出てきた。

➡この子は何を言おうとしているのかな。

➡「感謝」って、誰の誰に対する感謝のことだろう。兵十に感謝して欲しいということかな。

| | |
|---|---|
| てもらうまで持って行って…、まだ感謝が…、ごんの死なせてしまった心を…、全部謝る気持ちがまだ全部伝わってないから、まだするんだと思う。<br>T　自分の償いの気持ちをもっと伝えたいということかな。<br>C　（うなずいて）もっと謝る気持ち。<br>C　同じです。お詫びだから、気づかれるまでやって、気づいてもらうまでやりたい。<br>T　なぜ目の前に出て行かないの。<br>C　こわいから。やり返される。<br>C　ごんは、…（教科書を開いて）うなぎをとってしまったから、兵十が怒って殺されてしまうかもしれないから。<br>C　つかまると思ったから。 | ➡なるほど。この子は「謝罪」を「感謝」と言い間違えているのか。<br>➡この子は、ごんには強い謝罪の気持ちがあると思っているんだな。<br>➡よし、ここで最後に、それでもこっそりと持って行かないとならないごんの立場について押さえておこう。 |

最後にここまでの話し合いを教師が振り返って説明をし、ごんへの手紙を書かせます。本時は、「ごんには、兵十に気づいてもらい気持ちがあるのか」という課題について第四・五場面を中心に考えさせました。そのために、「第四・五場面のごんの動きの確認→気づいてもらいたいごんの気持ちと落胆→『その明くる日も』栗を持って行くごんの思い」というような流れで学習を展開します。

本時（第三時）のように書かれていないごんの気持ちを**推論する**話し合いでは、全員の子が参加するように所々にペアトークを入れて進めるようにします。子どもたちは、ごんの期待と落胆を読み取りながら、その明くる日もこっそりと栗を届けるごんの複雑な気持ちについて考えます。また、「謝罪」と「感謝」を言い間違えた子のように、しっかりと考えている子でも発言するときにことばの選択で間違えてしまう子がいます。教師はわかったつもりにならず、よくわからないときにはその子の真意を確かめようと聞き返すことが大切です。

**【終末段階で子どもたちが書いたごんへの手紙の例】**

●ごんへ　今日、みんなで「兵十に気づいてほしい気持ち」が君にあるのかについて話し合ったよ。たぶん、君には「兵十に気づいてほしい気持ち」が少しあるんだと思います。わけは、兵十にくりや松たけをあげたのはごんなのに、神様にいいところをとられてくやしかったんじゃあないのかなあと思えたりもします。だから、兵十にごんがしているということを示したくて、くりや松たけを兵十におくるんだと思います。

●ごんへ　今日、みんなで「兵十に気づいてほしい気持ち」が君にあるのかについて話し合ったよ。たぶん、君には「兵十に気づいてほしい気持ち」があると思うよ。わけはね、「へえ、こいつはつまらないな」のところから、気づいてくれるまで、いつかわかってほしいという気持ちがとても伝わってきたからだよ。

それから、神様にお礼を言うということばから、とてもがっかりしたでしょうね。それでも、くりや松たけを持っていったのは、自分に感謝してほしいとか気づいてくれるかなとか、そういう思いから、また持っていこうという気持ちが生まれたんだよね。

●ごんへ　今日、みんなで「兵十に気づいてほしい気持ち」が君にあるのかについて話し合ったよ。たぶん、君には「兵十に気づいてほしい気持ち」が少しあったんだと思う。加助が「毎日、神様にお礼を言うがいいよ。」と言って、「へえ、こいつはつまらないな」と言ったところから、気づいてほしいという気持ちが伝わってきた。だれだって自分がものをあげているのに、それを「神様にお礼を言うがいいよ。」なんて言われたら、つまらない気持ちになると思う。

でも、ごんのすごいところは、そんなことを言われても、くりを兵十にあげ続けたこと。ごんは自分があんなことをしなければ兵十のおっかあは死なずにすんだかもしれない、そんなもうしわけないという気持ちが強くて、「神様にお礼を言うがいいよ。」なんて言われても、くりをあげつづけたんだと思う。

●ごんへ　今日、みんなで「兵十に気づいてほしい気持ち」が君にあるのかについて話し合ったよ。たぶん、君には「兵十に気づいてほしい気持ち」があると思ったよ。それはね、ごんが兵十と加助が話しているのをずっと聞きながら、その後ろすがたのかげをふんで歩いていると今日みんなで話し合ったからだよ。

今日は、こんなことも話し合ったよ。ごんは、くりや松たけを持って行っているのに、ごんにはお礼を言わないで、神様にお礼を言うんじゃあ、「引き合わないや」と言っていたのに、どうしてくりや松たけを持っていったかについて話し合いました。

わたしは、きっともっともっとあやまりたいという気持ちとつぐないをもっともっとしたいという気持ちをごんは持っていると思うよ。

これからもその気持ちをわすれずにがんばってね！おうえんしています。いたずらはもうダメだよ。

子どもたちの手紙には、「引き合わない」と言ったごんの気持ちに共感しながら、兵十に栗を届け続けるごんの気持ちについて「気づいてほしい」「申し訳ない」「引き合わなくても、つぐないたい」などのような気持ちが書かれます。

## 第4時 「この物語はごんと兵十にとって満足のいく結果となったのか」について話し合い、兵十からごんへの手紙を書く。

**指導目標**

○兵十の後悔と気づいてもらえたごんの気持ちについて考え、兵十の立場からごんへの手紙を書くこと。

ごんぎつね　新美南吉

めあて　最後の場面の兵十とごんの気持ちについて考えよう。

兵十

○3　ごんぎつねめ

←「ようし。」殺そう

← 倒置法

「おまいだったのか、いつも

教科書23頁の挿絵掲示

**課題の共有**

子どもの感想から、この物語の結末が、ごんと兵十にとって納得のいくものだったのかを問いかけ、自分の考え（立場）を表明させる。

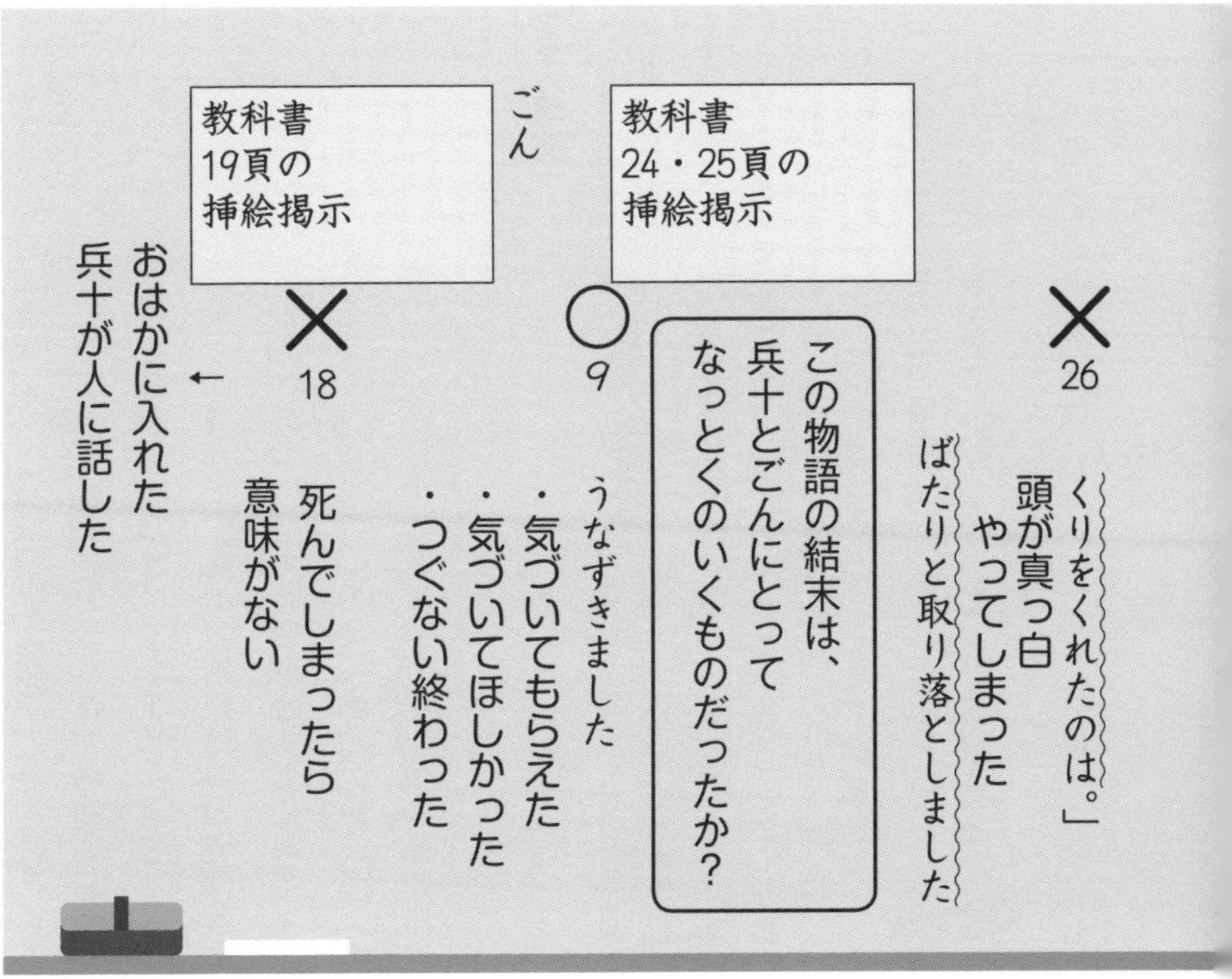


**考えの発表**

自分の考えの根拠になった本文のことばとその理由について発表させる。

**深める問い**

「ごんを撃ってしまった兵十が、その後どうしたのか」を問いかけ、ごんのことを村人が語り継いだことについて話し合わせる。

**考えのまとめ**

話し合ったことをもとに、兵十の立場になって、兵十からごんへの手紙を書かせる。

前時は、「つぐない」を続けるごんの心の奥にある思いについて話し合いました。自分の存在に気づいてほしいというごんの願いに気づかなければ、最後に兵十の問いかけにうなずくごんの心情を読むことはできません。また、一方の兵十は激しい後悔に襲われることになります。授業ではこれまで兵十の思いについては考えてきませんでしたが、最後の場面では対照的な両者の思いについて考えさせたいところです。

そこで、ごんの心の奥にある思いを考えた子どもたちに、本時では最後の場面で起きた出来事のごんと兵十のとらえ方、心情の違いについて考えさせる学習を設定します。

## 【導入場面】

### 授業の実際の様子

T 「ごんぎつね」を最初に読んだとき、…君がこんなことを書いていました。「ごんが殺されてしまうところが心に残りました。わけは、殺されていいのか、死んだらだめなのか分からなかったからです。」物語の最後でごんが撃たれた場面についてのことを書いているんだけど、まず確認したいのは、ごんって死んじゃったの。

C …死んでしまった。

### 教師の思考の流れ

➡はじめに本時の課題に関わる感想を書いている子の文章を紹介しよう。

**ポイント**

➡ごんは死んでいないと読んでいる子がいるかもしれない。話し合いに参加させるために、短い時間でごんが撃たれて死んでしまったことを確認しておこう。

T　ごんは死んでしまったと思う人（子ども全員挙手）。でも、死んだなんてどこにも書いてないよ。「証拠」は。

C　「ごんは、ぐったりと目をつぶったまま、うなずきました。」って書いてあるから、もうここでは死にかけている。

C　「青いけむりが、まだつつ口から細く出ていました。」のところは、ごんが死んで線香をあげたみたいになっている。

T　みんなよく気づいているね。はっきりとは書かれていないけど、ごんは撃たれて死んでしまったんだね。じゃあ、…君が書いていたように、ごんは殺されてしまったんだけど、それでよかったのかなあ。（間）ごんはこんな終わり方でいいと思っているんだろうか。

（間）

C　だめ。

C　いい。

T　じゃあ、兵十はどうなんだろう。

C　だめでしょう。

T　今日は、最後の場面の兵十とごんの気持ちについて考えてみましょう。この物語の結末は、兵十とごんに

➡書かれてないのに、なぜ死んだとわかるのかと否定的に聞いて、子どもたちに「ごんは撃たれて死んでしまった」立場で考えさせよう。

➡確認ができたところで、本時の課題に入ろう。自分の考えと人物の思いで混乱しないように、いいと思っている、思っていないのは誰かをはっきりさせながら、問いかけていこう。

第3章　板書と思考の流れで展開がわかる　実践！「ごんぎつね」の授業

とって納得のいくものだったのかな。（「この物語の結末は、兵十とごんにとってなっとくのいくものだったか？」と中央に板書する。）

子どもたちの中には、最後の場面でごんに死んでほしくないという思いからごんは死んでいないと読んでしまう子がいることがあります。そのため、まず話し合いの前提としてごんが撃たれて死んでしまったことを確認します。この話題であまり時間をとるわけにはいかないので、本時の課題に関わっていて、「ごんが殺された」と書いた子どもの感想を先に紹介し、教師が否定的に「そんなことは書いてないのになぜわかるのか」と問うことで、子どもたちに、ごんが撃たれて死んでしまったことを説明させるようにします。

本時のような課題では、子どもたちは読者としての自分がこの結末に納得するのかを考えて判断してしまうことがあります。授業の要所でこれでいいと思っている（思っていない）のは誰なのか、主語をはっきりとさせて問うことが重要になります。

**【展開場面】**

| 授業の実際の様子 | 教師の思考の流れ |
|---|---|
| T　兵十はこの物語の結末でよかったと思っているのか | ➡課題には「納得」ということばを使ったが、授業では |

な（黒板の右側にゆっくりと○を書く）。それとも、いいとは思ってないのかな（×を書く）。そして、ごんはこの物語の結末でよかったと思っているのかな（黒板の左側にゆっくりと○を書く）。それとも、いいとは思ってないのかな（×を書く）。じゃあ、聞いてみるよ。兵十の方から。これでよかった、○だと思う人。（子ども挙手）三人。では、×。（子ども挙手）二十六人。では、ごんは。これでよかった、○だと思う人。（子ども挙手）九人。では、×。（子ども挙手）十八人。？の人も多いみたいだね。

みんなは本文のどこからそう思ったのかな。兵十が、ここからいいと思っている、いや思っていないというところは青で。ごんが、ここからいいと思っている、いや思っていないというところは赤で線を引いてください。どうぞ。（子どもたちが教科書の本文に線を引く。）

T　では、まず、兵十の方から聞いてみよう。兵十が○の人は、どこに線を引いたの。

C　二十三ページの最後にある「こないだ、うなぎをぬすみやがったあのごんぎつねめが、またいたずらをしに来たな。」に線を引きました。

「これでよかった（いい）と思っている、思っていない」のような聞き方で尋ねた方が、子どもたちも考えやすいだろう。

➡ごんが撃たれた場面を黒板の真ん中にして、ごんと兵十を左右に分けて、視覚的に比べやすいようにしよう。

兵十を右側にして先に心の動きを考えさせよう。その後、左側でごんについて聞き、×だという子たちの意見を聞いた後で、ごんの死後にごんが語り継がれていることについて考えさせよう。

➡ごんが納得していないという意見が意外に多いな。

➡あまり時間がないので、兵十とごんが納得したかの根拠をいっしょに考えさせよう。色分けして、どちらの根拠かを意識させよう。

➡○に手を挙げた子の理由は、最初に兵十がごんを殺そうとする思いのところだな。兵十の心の動きを考えさせるために、まずは最初の兵十のごんに対する見方を確認

C　二十四ページの「ようし。」に線を引きました。
T　○の子たちは、どうしてここに線を引いたのかなあ。みんな少し隣の人と話してみて（ペアで話し合う）。
C　何か、…「こないだ、うなぎをぬすみやがったあのごんぎつねめが…」っていうのは、すごくごんに怒っていて、…やり返す感じ。
C　腹を立てているのがわかる。
T　そうだね。すごく怒っている感じがするけど、この一文の中で、ごんに対する憎しみを感じるところを一文字で探せるかな。
C　（少し間を置いて）「ごんぎつねめ」の「め」。
T　よく見つけたね。相手が憎かったら、「あいつめ」なんて言い方をするよね。この「め」という、たった一文字で怒っている気持ちがわかるなんておもしろいよね。では、「ようし。」っていうのは。
C　何か、…ごんをやっつけようとする感じがわかる。
C　ごんのことを殺そうと思っている。
T　えっ、兵十は、「ようし。」と言ってどうしたの。
C　なやにかけてある火縄銃を取って、火薬をつめました。

しよう。

ポイント

➡×だと考えている子たちにも○の子たちの意見について考えさせよう。違う立場の意見を考えさせるために、ペアで話をさせて少し時間を取ろう。

➡「ごんぎつねめ」の「め」の効果について考えさせたい。

➡この時点で、兵十にはごんに対する殺意があったことを確認したい。

**ポイント**

**T　そうか、兵十は最初からごんを殺すつもりだったんだね。じゃあ、ごんが死んでしまったことは、兵十にとって満足のいく結果になったんじゃないの。**

C　でも…。

T　でも、何。では、×の子たちは、どこに線を引いたの。

C　「ごん、おまいだったのか、いつも、くりをくれたのは。」に線を引きました。

C　同じです！（多くの子たちが反応する。）

C　「兵十は、火なわじゅうをばたりと取り落としました。」に線を引きました。

T　どうしてここに線を引いたの。

C　兵十は、自分に栗や松茸を持ってきてくれているのは神様で、ごんだとは思ってないから、土間に栗が固めて置いてあるのを見て、ごんだとわかったから。

C　自分に栗や松茸を持ってきてくれているのがごんだとわかって、驚いている。

T　なるほど、兵十の本当に強い驚きがこのことば（「ごん、おまいだったのか、いつも、くりをくれたの

➡ごんを殺すつもりだった兵十にとって、ごんが死んだことは納得できる結果だったのではないかと、×の意見の子どもたちの考えを揺さぶろう。

➡やはり、毎日栗を持ってきていたのが、ごんだと気づいた後の兵十の言動が根拠になるだろう。

➡この子は、第四・五場面とのつながりやごんを撃った後の兵十の目の動きを考えられているな。

➡この子は、兵十の気持ちを「驚き」ということばで表しているな。

➡ここで倒置法の効果について指導しておこう。

は。」）のどこからわかるの。
C　おまいだったのか。
T　普通に言うなら、どんな風に言うの。
C　いつも栗をくれたのは、おまいだったのか。
C　逆に言う。
T　そうだね。ここは文の主語と述語を逆に言うことで、強い驚きを表しているんだね。こんな風に入れ替えて強い気持ちを表現する方法の名前を知ってる？…（間）倒置法と言います。例えば、「この花瓶を割ったのは、誰だ。」っていうのと「誰だ、この花瓶を割ったのは。」のでは、どっちが割った人に強く怒っている感じがするかな。
C　誰だ！
T　そうだね。「誰だ、この花瓶を割ったのは。」の方でしょう。こうやって強い気持ちを表現する方法を倒置法と言うんです。覚えていてね。
　では、もう一つ、この「兵十は、火なわじゅうをばたりと取り落としました。」ってどういう様子なの。少しやってもらおう（ほうきを取り出す）。

⬇この場面では、具体例を出しながら倒置法とその効果の紹介ぐらいに止めておこう。

⬇火縄銃をばたりと取り落とすところについては、動作化からその心情に迫らせよう。

T　…君は、こんな顔をしてたね（教師が真似をする）。この時、兵十はどんな気持ちなのかな。

C　頭の中が真っ白になった。

C　やってしまったっていう気持ち。

T　そうか。何だか兵十の心の動きが見えてきたぞ。（黒板を指しながら）最初は、ごんを殺すつもりだった。ごんを撃った後で、走っていって土間を見た。そして、固めて置いてある栗を見た。その後、毎日自分に栗を持ってきてくれたのがごんだとわかって、やってしまった、頭の中が真っ白になったんだね。

では、ごんについて聞いてみるよ。○の人は、どこに線を引いたの。

C　「ごんは、ぐったりと目をつぶったまま、うなずきました。」に線を引きました。

C　同じです！（多くの子たちが反応する。）

T　そうか、みんなここでごんはこれでいいと思っていると思うんだね。うなずいているとき、ごんはどんな気持ちなの。

**ポイント**

**（二人の子どもが前に出て、ほうきで火縄銃を取り落とす様子を表現する。）**

⬇手から滑り落ちる感じが二人ともよくできているな。一人の子は、表情も考えている。

⬇兵十の呆然とした表情をしたことで、おもしろいことばが出てきたな。

⬇よし、ここで○×ではなく、兵十の目の動きがわかるように、短く切って、確認しよう。兵十の心の動きとして教師が動作化しながらまとめてみよう。

**ポイント**

**⬇今度は、ごんについて考えさせよう。まずは、○の立場の考えから出させて、×の子の考えで揺さぶりたい。**

⬇やはり、この部分に着目したな。これ以上はあまり出ないだろう。

⬇うなずいているときの気持ちを自由に出させよう。

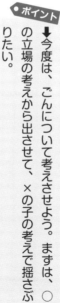

C　やっと兵十に気づいてもらえてうれしい。
C　ずっと気づいてほしかった。
C　これでぼくのつぐないが終わる。
T　なるほどね。ごんは兵十に撃たれて死にそうなんだけど、そんなことを思っているのか。では、×だと思う子は。
C　気づいてもらっても、死んだらいやだと思う。
C　死んでしまったら意味がないと思う。

ポイント
**T　○だという子、死んだら意味がないんだって。それでもいいとごんは思ったと思うのかな。どうして、気づいてもらえることがそんなにごんにとってうれしいの。**

C　ごんは、ずっとひとりぼっちだったから…。
C　ひとりぼっちで…、ずっといたずらして悪いきつねだと思われていて…、やさしいってことに気づいてもらえたから…うれしいと思う。
T　そうか…。もしかしたら、ごんにはそんな本当の自分に気づいてもらいたいという気持ちもあったかもしれないね。この後、兵十はどうしたと思う。
C　ごんをお墓に入れた。

➡第四・五場面でのごんの気づいてもらいたいという気持ちとつなげて考えているな。

➡この子は、自らの死をもってごんがつぐなおうと思っていると考えているのかな。

➡×の立場の子たちの意見を聞こう。

➡やはり「死んでは何にもならない」という価値観がもとになっているな。あとで、多くの村人に語り継がれたごんという点から揺さぶってみよう。

➡○の立場の子の考えを揺さぶろう。ごんにとって、兵十に気づいてもらえることがどんな意味があるのかについて考えさせよう。

➡第一場面のごんの境遇とつなげて考え始めたな。

➡ごんの気持ちを具体的に表現しようとしている。

➡その後の兵十の行動を想像させて、ごんに対する兵十の気持ちと語り継がれるごんにつなげよう。

➡第二場面の印象が残っているからだろう、ごんをおっ

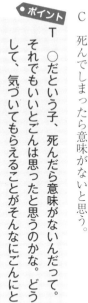

C　お葬式をしたと思う。
T　兵十は、このことを誰かに話したと思いますか。
C　加助に話した。
T　その「証拠」ってわかる。
（子どもたちが教科書を探すが、見つけられない。）
T　ちょっと難しいかな。一番最初に何て書いてある。
C　「これは、わたしが小さいときに、村の茂平という
おじいさんから聞いたお話です。」
C　ああっ！
T　誰が、ごんのことを村の人に話したの。
C　兵十。
T　そうだね、本当のごんのことを知っているのは、兵十しかいないよね。兵十から話を聞いた加助や村の人が、こんなことがあったとまた他の人に話していったことで、ごんの話が語り継がれるようになった。
つまり、本当のごんの優しさに気づいたのは、兵十だけじゃない。村のみんながごんの優しさを知って、ずっと語り続けているんだね。
C　先生、これって本当の話？
T　いや、本当の話じゃない。お話の中の世界で、語り継がれているってことになっている。では、最後にも

かあと同じように扱ったと思っているんだな。

➡第四・五場面の印象から兵十は、まず加助に話をすると考えているな。しかし、兵十が人に語った根拠については気づけていないだろう。

➡こちらから最初の文の存在を示そう。

➡語り継がれたことに気づいた子もいるみたいだな。

●ポイント
➡語り継がれることのイメージをもてていない子もいるようだ。ここは、語り継がれるようになる流れを教師が説明する必要があるな。

➡「死んでは何にもならない」という価値観で読んでいた子たちの考えは、どう変わっただろうか。ここで聞い

う一度聞いてみよう。ごんにとって、この物語の最後はこれでよかった、〇だと思う人。（子ども挙手）二十四人。×だと思う。（子どもが挙手に迷う様子）そうか、まだ？の人も多いかな。

　よし、では今日も手紙を書いてもらおう。今日は、みんなからごんへの手紙じゃないよ。今日は、兵十からごんへの手紙を書いてもらいます。

C　えっ。

T　みんなには、兵十になりきって書いてもらうよ。

（プリントを配付。）

T　準備はいいですか。「兵十から、ごんへ。ごん、おれはおまえに伝えたいことがある。ごん、…（間）」、ではこの続きを書いてみてください。

てみよう。〇の意見に変わった子もいるが、迷っている子もいるな。


　本時は、「この物語の結末は、兵十とごんにとって納得のいくものだったのか」という課題について第六場面を中心に考えさせています。そのために、「ごんの死の確認→ごんに対する兵十の殺意と真実を知った兵十の心の動き→撃たれたごんの境遇と心情→その後の兵十と語り継がれるごんの物語」というような流れで学習を展開します。

　学習の最後には、これまで読者である自分から書いていたごんへの手紙ではなく、兵十の立場からのごんへの手紙を書かせました。これには、三点の理由があります。

一点目は、読者の立場から書かせることで「ごん、死んだけど気づいてもらえてよかったね。」と安易に書かせないためです。命と引き替えにすれば願いが叶う、というような短絡的な考えを暗に植えつけてしまうようなことは避けました。兵十からの手紙にすれば、あくまでも命を奪った者としての立場から後悔の念や生きていてほしかったという願いなどのような思いについて書かれます。

二点目は、物語の構造として村人に語り継がれるごんの物語であることをふまえたうえで、その後の兵十のごんに対する誓いや行動について記述されると期待したからです。

三点目は、物語を読んだ後の子どもたちのもやもやとした思いをすっきりと昇華させるためです。ごんは死んでしまったけれども、その後の兵十の思いや行動次第でごんの魂は救われるかもしれません。子どもたちには、自分の願うその後の物語を兵十になりきって思う存分表現させます。

学習の中で話し合った撃たれたごんの心情については、子どものもっている価値観が大きく左右します。「死んでは何にもならない」と考える子が出る一方、「自分が死んでも本当に理解してもらいたい相手に真の自分を理解してもらうことの幸せ」という考えにも触れさせたり、兵十だけでなく多くの村人にごんが愛され、語り継がれる存在となったことに気づかせたりすることで、考えを揺さぶられる子が出てきます。「正解」はありません。場面やことばをつなぎながら、文脈から人物の心情を推論させ、自己の考えを見つめさせることが大切です。

【終末段階で子どもたちが書いた兵十からごんへの手紙の例】

●（兵十から）ごんへ　ごん、おれはおまえに伝えたいことがある。ごん、ごめんな。おれはずっと後かいしている。ごんが毎日、毎日おれにくりや松たけなどを持ってきてくれていたのに、そんなことも知らないで勝手に神様のしわざとか思ったりした。実はごんが持ってきていたのに、「こないだうなぎをぬすみやがったあのごんぎつねめが、またいたずらをしに来たな。」と思いこんで、ごんを殺してしまってとってもとっても後かいしている。おれがうつ前に土間をたしかめればよかったのに、たしかめなくてすぐに殺してしまって、本当にごめんな。ごん、おれはごんのことを一生わすれない。おれは、ごんを死なせてしまい、二回も苦しい思いをした。でも、ごんを死なせたのはおれだ。だから、おれが悪いんだ。

ごん、これからはすぐにうたないで、ちゃんとかくにんするよ。ごん、本当にころしてしまってごめんな。天国でずっと見ていてくれ。ごん、おれはごんのことが大好きだ。これからもずっと大好きだ。

●（兵十から）ごんへ　ごん、おれはおまえに伝えたいことがある。ごん、ごめんな。わざと殺したわけじゃないんだ。おまえが毎日、毎日くりや松たけを持ってくるとは思わなかったんだ。おれは、今ごんを殺してすごく後かいしている。ごん、ゆるしてくれ。ごん、おまえまさかおれのおっかあを死なせたと思ってたんじゃないだろうな。おっかあが死んだのはお前のせいじゃないんだ。毎日、くりなどを持ってきたのは、神様じゃなくてごんだったんだな。神様にお礼を言うんじゃなかった。ごん、ごめんな。今からはおそいかもしれないけど、ごん本当に本当にありがとう。おれはおまえをみなおした。ごん、おまえは　本当はやさしいんだな。おれは、本当に本当に後かいしているよ。ごん、ありがとう。ごんにお礼を言いたいことがいっぱいあるよ。ごんが死んでも、おれはごんが毎日くりや松たけを持ってきてくれたことは、一生わすれない。一生の思い出にするよ。ごん。

文章にはごんへの謝罪や後悔、ごんを見直したということばや感謝の気持ちが語られます。普段あまり文章を書かない子も兵十になりきって意欲的に書くことができます。

しかし、兵十からの手紙としたことで、読者自身の本作品の結末に対する考えが書かれず、物足りなさを感じるところもありました。多様なものの見方がぶつかり合う結末だからこそ、自己の考えを見つめる契機としたいところです。読者の立場から、ごんにとっての幸せや本当に望ましい結末のあり方についての考えを書かせるような表現活動を設定することもできるでしょう。

**〈修正した授業での子どもの反応〉**

別の学級で「兵十からの手紙」ではなく、「読者からの手紙」の形で書かせた際の子どもたちが書いたごんへの手紙の例です。

●ごんへ　今日、みんなで「ごんと兵十が物語の結末についてよかったと思っているのか」について話し合ったよ。たぶん、君は、この物語の結末を「これでよかった」と思っていると思うよ。わけは、最後に兵十から「ごん、おまいだったのか、いつもくりをくれたのは。」と言われて、こくりとうなずいたから、これでよかったと思うよ。兵十は、たぶんごんにもうしわけないことをしてしまったから、今からでもいいからあやまりたいと思っているんじゃないかなあ。兵十は、ごんにはいたずらだけしかないと思っているから、見直したんじゃないかと思うよ。ごんはいいやつだなあときっと思っているよ。

●ごんへ　今日、みんなで「ごんと兵十が物語の結末についてよかったと思っているのか」について話し合ったよ。たぶん、君は、この物語の結末を「これでよかった」と思っていると思うよ。わけは、ごんは天国にいけたと思うし、いいこともできたからだよ。有名人（!?）みたいに伝わっていてよかったね。まだ伝わっていると思うよ。殺されてしまったけど、みんなの心の中では生きているよ。兵十がみんなにかわいそうな小ぎつねだったと言ってくれたから、みんなの中で生きているからよかったね。私は、ごんは最後にいい人になったからよかったと思うよ。

こちらの書かせ方の方が、一人一人の読み手の価値観が垣間見えるとともに、悲劇的な物語の結末に対する子どもたちや兵十の悲しみを昇華させています（一方で、死んだけど気づいてもらえてよかった、命と引き替えにすれば願いが叶う、というような考えの強化にならないか、という点については気をつける必要があります）。

また、子どもたちに「ごんぎつね」を学習した感想を書かせます。その際に、どんな読み方が役に立ったのかを考えさせることで、他の物語への活用を意識させることができます。以下は、子どもたちの感想の例です。

● 「ごんぎつね」を学習して気づいたことは、ごんは小さいきつねであって子ぎつねではないということです。わかったことは、このごんぎつねというお話がずうっと語られてきたということです。学習する前と後で感じたことのちがいは、初めてごんぎつねを読んだときは、ごんは悪いきつねという読み方をしていたけど、十月二十一日のときの学習では、ごんはみんなに注目されたくて悪さをしているという読み方になりました。

　ごんぎつねでは、どんな読み方をしたらいいかというと、人物の行動から気持ちを考えればいいと思います。たとえば、ごんぎつねの二十一ページの前から四行目の兵十は、「火なわじゅうをばたりと取り落としました。」のところから、兵十が悲しんでいるのが分かります。

これから使っていきたい読み方は、前の場面とつなげて考えるということです。

●ぼくがみんなで話し合って気づいたことは、初めはごんは悪いきつねと思っていたけど、ごんの心の奥をみんなで考えてみると、少しはごんにもいいところはあるということが分かりました。学習をする前は、ごんぎつねってどんな話だろうと思いました。だけど、読んでいると、ごんの心や兵十の心やいろいろな人物の行動が読めて、とてもおもしろかったです。

会話文の「ごん、おまいだったのか、いつもくりをくれたのは。」は、ふつうだったら言葉を反対に言います。だけど、今の兵十はまちがってごんを殺してしまって、強く言ったから、「ごん、おまいだったのか、いつもくりをくれたのは。」となったと思います。それで、会話文から気持ちが分かると思います。

そして、兵十が「火なわじゅうをばたりと取り落としました。」は、あまりにびっくりして、火なわじゅうを取り落としてしまう。そこから、人物の行動から気持ちが分かります。

前の場面とつなげて分かるのは、ごんが「神様にお礼を言うんじゃ、おれは引き合わないなあ」と言っているのに、その次の日もごんは兵十の家にくりを持って行きました、というところです。たとえば、ごんは兵十に気づいてほしいから、かげぼうしをふみふみ歩いたと思います。これから使っていきたい読み方は、人物ぞう、変化、心の奥、結末を使っていきたいです。

●私がみんなと話して気づいたことは、ごんは一人でひまでいたずらをしていたんだと思います。「ごんぎつね」を学習する前、「ごんはいたずらばかりするきつねだ。いたずらするから殺された。」と思っていました。でも、後で読んだら、いたずらするから殺されたのは、まあ合っていたけど、ごんはいたずらばかりじゃなかったんだなと思いました。

私は、こんな読み方をすればいいと思います。「人物像」→「変化」→「心の奥」→「結末」の順番で読んで、それを最後につなげればいいと思います。それで、会話文から気持ちを考えたりしたら、もっといいと思います。これからも「人物像」～「結末」や会話文で読めばいいと思います。最後に前の場面とつなげて読めば、物語がよくわかるんじゃないかなあと思います。

「ごんぎつね」は長い物語でしたが、このことでこんな長い物語を読みたくなりました。そして、みんなが長い本を読めばいいなと私は思います。小説なども字がたくさんあるので、たくさん読んで発表したいと思います。そして、みんなで発表したらいいと思います。

# 第3次　人物の関係から物語を読み比べ、悲劇が生まれた原因について自分の考えをまとめる。

## 第1・2時　「おにたのぼうし」と読み比べ、悲しい結末になった理由について話し合う。

**指導目標**

○「ごんぎつね」の人物関係を参考に、「おにたのぼうし」との共通点について話し合い、悲劇が生まれる理由について自分の考えをまとめること。

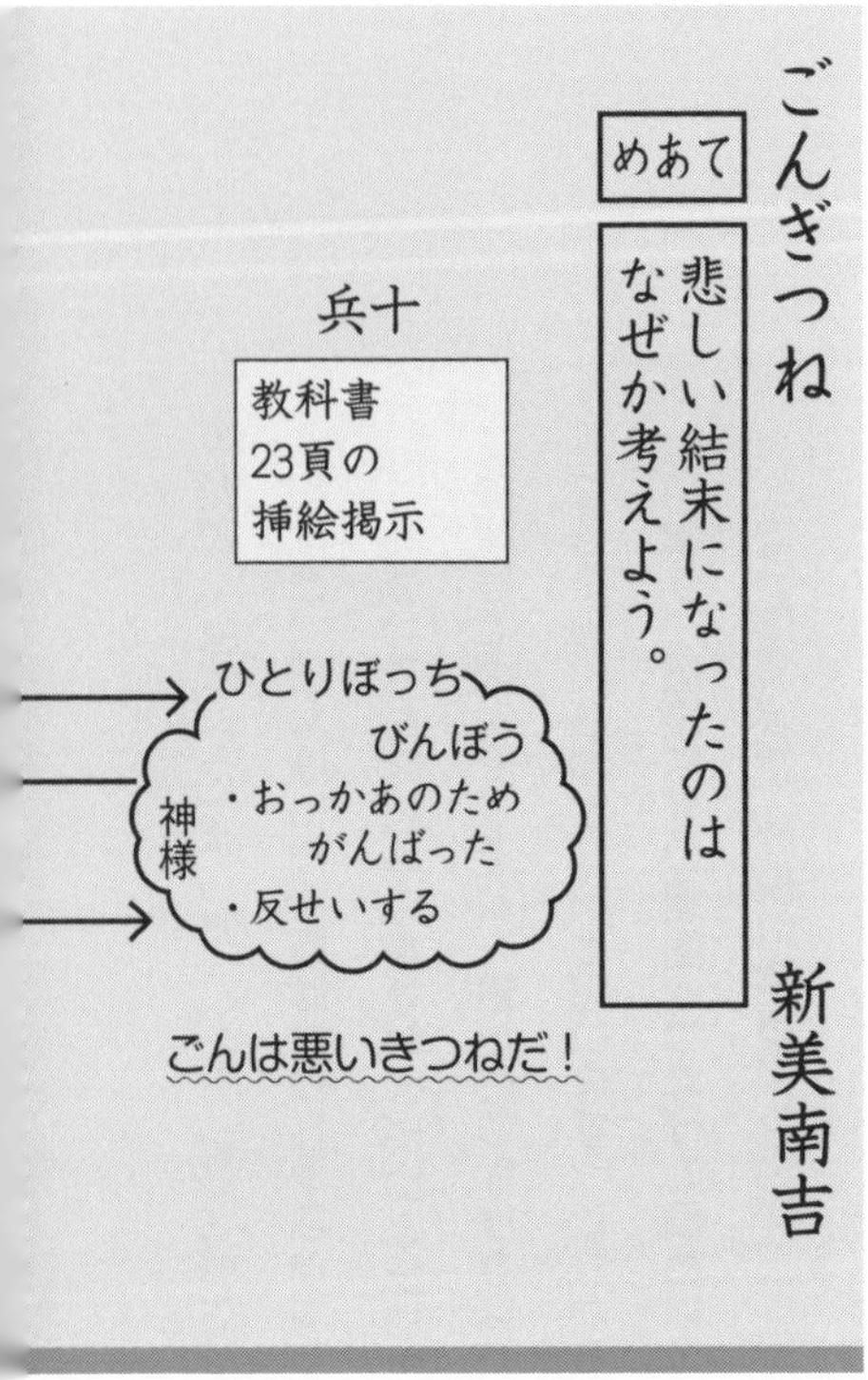


**課題の共有**

この物語が、なぜ悲しい結末になってしまったのかを問いかけ、自分の考えを発表させる。

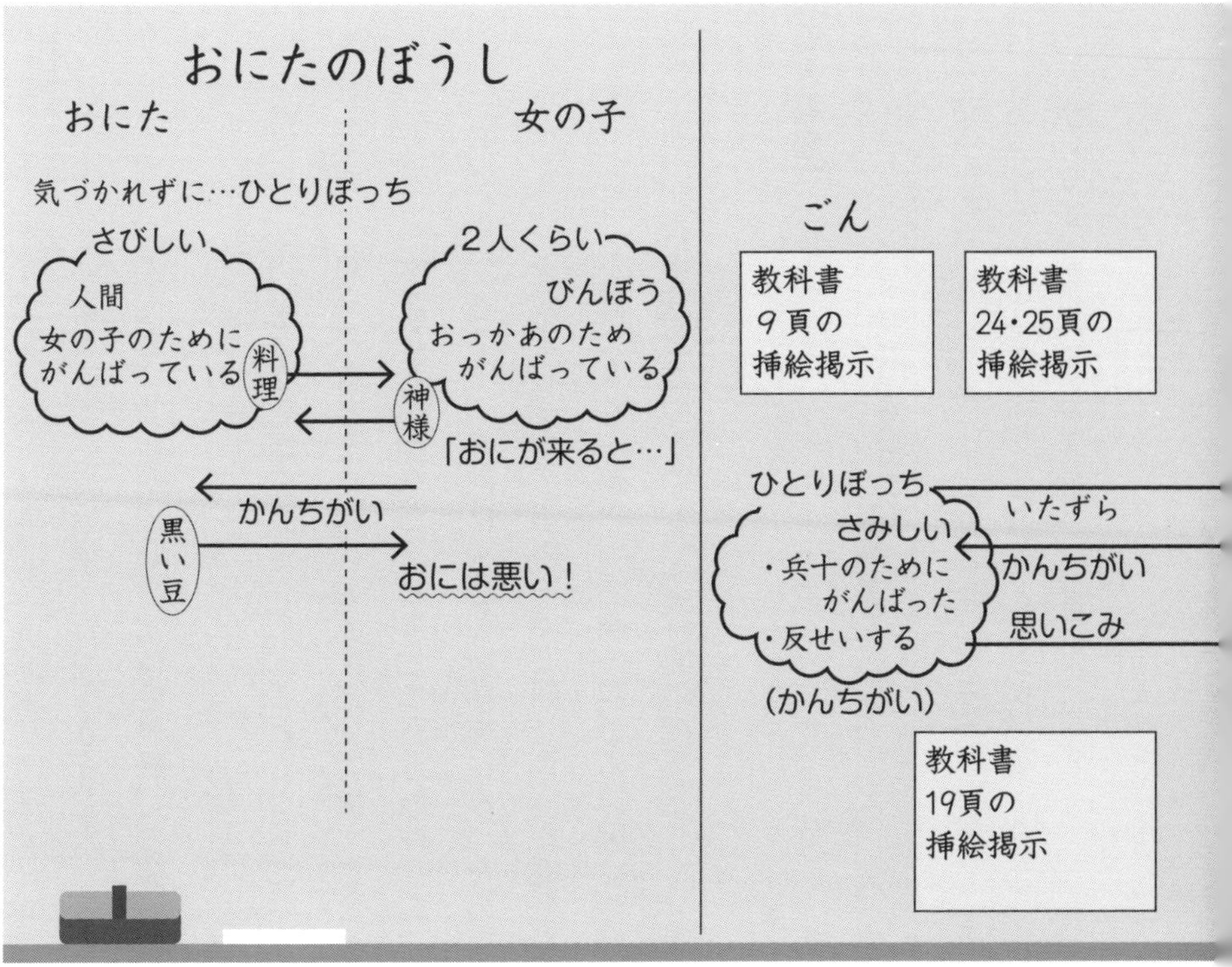


**考えの発表**

ごんと兵十の共通点や思いのすれ違いが起きた原因について本文のことばをもとに話し合わせる。

**深める問い**

『おにたのぼうし』と似ているところはないか」を問いかけ、悲劇が生まれる原因について話し合わせる。

**考えのまとめ**

話し合ったことをもとに、自分の考えについてまとめさせる。

これまでごんの設定や変容、ごんの心の奥にある思いや最後の場面におけるごんと兵十の思いなどについて授業を行ってきました。ごんの境遇から生まれる思いや願いについては深く読んできましたが、物語全体を俯瞰して**読者としてどんなメッセージを受け取ったか**というような読み方はしていません。「ごんは幸せだったのか」「ごんと兵十の心は通じ合ったのか」などのような課題を設定して、子どもたちに話し合わせたり、「ごんぎつね」を読んで感じたこと、思ったことを自由に発表する会を開くこともできますが、同じような内容を追求したり、発表するだけになったりしてしまう可能性もあります。

そこで、今回は「悲しい結末になったのはなぜか」について人物の関係から考えていく学習を設定します。その中で、同じような構造をもつ作品「おにたのぼうし」と読み比べて共通点を考えさせながら、悲劇の起こる原因について話し合わせます。なお、授業の中で新たな物語を読むということで二時間の授業として計画します。

**【導入場面】**

| 授業の実際の様子 | 教師の思考の流れ |
| --- | --- |
| T 「ごんぎつね」を最初に読んだとき、…さんが「最後の火なわじゅうでうたれたというところが、とてもさびしくて、悲しい結末でした。」と書いていました。 | ➡「結末が悲しい」「悲しい感じがした」というような感想を紹介して、多くの読み手が同じような感想をもつことを理解させ、その原因について問いかけよう。 |

…君も「最後がとても悲しいなあと感じました。」と書いていました。どうしてこんな悲しい結末になってしまったのかな。（間）

ポイント

**誰か悪い人物がいるから、こうなってしまったのかな。**

C　ごん。
C　誰も悪くない。
T　誰も悪くないのに、なぜ悲しい結末になってしまうの。いったい何がいけないんだろう。（間）
　今日は、「ごんぎつね」の最後のまとめとしてそのことについて考えてみましょう。

➡「悪い人物がいるのか」と問うことで、子どもたちは「本当に悪い人物はいない」と考えるだろう。そこで、なぜ悲劇が起きるのかを問いかけることで、課題意識を喚起しよう。

本時は、二時間続きの学習を計画していたため、導入場面を簡単に行います。幼い頃からテレビやまんがで勧善懲悪に慣れてきている子どもたちは、この四年生で「ごんぎつね」と出合い、多くの子が初めて悪人の存在しない悲劇が描かれる物語を経験します。そこで、子どもたちの課題意識を高めようと問いかけたのが、「悪い人物がいないのに、なぜ悲しい結末になってしまうのか」という発問です。

## 【展開場面】

### 授業の実際の様子

T　これまで「ごんぎつね」をみんなで読んで話し合ってきたけど、ごんと兵十はどこが似ていましたか。少し隣と話し合ってみましょう（ペアで話し合う）。

C　ひとりぼっちのところ。

C　ごんはひとりぼっちでさびしくて、兵十はひとりぼっちでびんぼうなところ。

C　ごんが兵十のために栗や松茸を持って行ってがんばったところと兵十が病気のおっかあのためにがんばって生活していたところが似ている。

C　二人とも反省するところが似ている。

**ポイント**

**T　反省ってどういうこと。もう少しくわしく。**

C　ごんは兵十にいたずらして、勘違いで自分のせいで兵十のおっかあを死なせてしまったと思っていて、「あんないたずらしなけりゃよかった」っていうふうに反省していて、兵十はごんを撃った後で、撃ったことを後悔しているから。

### 教師の思考の流れ

➡ごんと兵十が似たような境遇の人物であることをどの子にも理解させるために、まず二人の共通点から聞いていこう。

➡ひとりぼっちは出しやすいところだな。

➡二人がそれぞれの立場で他者のために尽くす人物であることを言っているんだな。

➡おもしろい意見がでてきた。もう少し聞いてみよう。

➡二人とも自分がやってしまった失敗について振り返って、後悔したことについて言っているのか。

T　なるほど。二人ともこんなに似たもの同士で一生懸命なのに、悲しい結末になってしまうんだね（ごんと兵十の挿絵の間に最後の場面の挿絵を提示する）。
一体何がいけなかったの。

C　最初にごんがいたずらしたのがよくなかった。

C　ごんが兵十にいたずらしなければよかった。

T　そうだね。じゃあ、ごんが悪いんだね。

C　いや、そうじゃない。兵十も悪い。

T　何がいけなかったの。

C　兵十が、ごんが栗や松茸を持って行っていたのに、神様のしわざと勘違いしてしまったから。

C　ごんが兵十の家に来たときに、またいたずらしに来たと思って、すぐに銃で撃ってしまったから。ちゃんと確認すればよかった。

T　そうか。でも、なんで兵十は確認せずにすぐに撃ってしまったの。

C　「こないだ、うなぎをぬすみやがったあのごんぎつねめが、またいたずらをしに来たな。」って書いてあって、いたずらをしに来たと思っているから。

T　最初、兵十はごんのことをどう思っているの。

C　ごんのことをいたずらするきつねだと思っている。

---

➡こんなに似たもの同士で優しい人物なのに、なぜ悲劇が生まれるのかについて疑問をもたせるために、挿絵を活用しよう。

➡まずは、ごんのいたずらが原因という意見は出てくるだろう。

➡ごんが悪いと断定的に聞くことで、兵十の側にも目を向けるだろう。

➡この子は、神様のしわざと思ったことで、ごんがしているとは思わなかったといっているんだな。

➡この子は、確認すればよかったと言っている。兵十のごんに対する見方にせまるきっかけになりそうだ。

➡この子は、兵十が考えたことについて述べているが、ごんに対する見方についてまでは考えられてなさそうだ。

➡ごんに対する見方が出てきたぞ。

C　悪いと思っている。

T　なるほど、兵十はごんのことを悪いきつねだと思いこんでいるんだね。どうしてこんな悲しい結末になったのかが見えてきたかな。ちょっと隣の人と話してみて（子どもたちがペアで話し合う）。

T　今回は、あなたの考えをまだ発表しません。今から別のお話を紹介します。あまんきみこさんの「おにたのぼうし」っていう本を知っているかな（数人が挙手）。実は、このお話も「ごんぎつね」みたいに読んだ人の多くが、読み終わった後に「悲しいなあ」と感じるお話なんです。そこで、今から先生がこのお話を読むから、「ごんぎつね」とどんなところが似ているか、今あなたが考えている悲しい結末になってしまう原因と似ているかを考えながら聞いてくださいね。

C　はい。

（教師が「おにたのぼうし」の絵本の読み聞かせをする。読み終わって、本文の書いてあるプリントを配付する。）

T　さあ、似ているところを見つけたり、自分の考えを確かめたりできたかな。では、まずお話を確認します。誰が出てきたかな。

C　おにた。

➡ここで、一度黒板を見ながら、子どもたちにペアで自由に話をさせて、自分の考えについて確認させよう。

➡ここで「おにたのぼうし」を紹介しよう。あまり読んだことのある子はいないようだな。

ポイント

➡この一時間だけの読み取りなので、先に観点を与えて話を聞かせよう。本文のプリントは後で配付して、今は読み聞かせに集中させよう。

➡まずは、登場人物を確認しよう。

C　女の子。
C　お母さん。
C　まこと君。
T　お話がその人を中心に進んでいく人物は。
C　おにた。
C　女の子。
T　そうだね。では、おにたと女の子ってどんなところが似ている。少し隣の人と話してみて（ペアで話し合う）。
C　おにたは、無くしたビー玉をこっそり拾ってきてやったり、にわか雨の時、干し物を茶の間に投げ込んだり、お父さんの靴を、ぴかぴかに光らせておいたりして、人間のためにがんばっているところと女の子はお母さんのためにがんばっているところ。
C　おにたは、女の子のために料理を持ってきたりして優しくて、女の子はお母さんのためにうそをついたりして優しいところ。
T　そうだね。二人ともとっても優しいのに、どうして悲しい結末になってしまうんだろう。
　同じような悲しい結末になる「ごんぎつね」と似ているところは見つけられましたか。

⬇おにたと女の子の関係にしぼって考えさせたい。

⬇さっきのごんと兵十の関係を書いた板書から同じような観点でおにたと女の子の共通点について考える子も出てくるだろう。

⬇この子は、二人が他者のために尽くす人物であることを言っているな。

⬇この子は、女の子がうそをついたことも優しさだと読み取っているな。

⬇ここから「ごんぎつね」との共通点を考えさせながら、悲しい結末になってしまった原因について迫ろう。

C　おにたもごんと同じで誰にも気づかれずに、ひとりぼっちでさみしいんだと思う。そして、女の子は、兵十に似ていてお母さんと二人暮らしでびんぼう。

C　女の子がおにたのことを神様だと思ったところが、兵十がごんのしたことを神様のしわざと思ったところが似ている。

T　何で「おにたのぼうし」は、こんなに悲しい結末になってしまうの。

C　女の子が「あたしも　豆まき　したいなあ。」って言って、「おにが　くれば、きっと　おかあさんのびょうきが　わるくなるわ。」って言ったから。

C　女の子が「おにが　くれば、きっと　おかあさんのびょうきが　わるくなるわ。」って言って、おにたが黒豆になったから。

T　おにたが黒豆になったの。

C　なった。

T　それを女の子が豆まきしてるんだね。どうして女の子は、「おにが　くれば」なんて言ってしまったのかな。

C　鬼は悪いと思っているから。

C　鬼が来ると、人間に何か悪いことが起きると思っているから。

➡この子は人物の設定で共通点を見つけ出しているな。

➡この子は、ごんやおにたの行為に対して兵十や女の子が考えた「神様」ということばの共通点に気づいているな。

➡全体ではなく、部分に着目している意見が続いている。やはり短い時間で二つの作品の主題に関わるような部分の共通点について考えさせることは難しい。「おにたのぼうし」が悲しい結末になる原因について考えさせた後で、共通点について考えさせよう。

➡この子たちは、女の子の発言から鬼に対する女の子の見方に問題があることに気づいているんだろう。

➡多くの子が、おにたが黒豆になったととらえているな。そちらの方が読み手の悲しみが増す。確認しておこう。女の子の鬼に対する見方も確認しよう。

T　鬼が来ると、悪いことが起きるの。

C　おにたは、「おにだって、いろいろ　あるのに。おにだって……。」って言っているから、ちがうと思う。

C　悪い鬼もいるし、そうじゃない鬼もいる。

T　そうか、女の子がそう思い込んでいるんだね。

C　そう、勘違い。

**ポイント**

**T　さあ、黒板を見てごらん。悲しい結末になる二つの話をまとめてみたけど、気づいたことはあるかな。少し隣とお話ししてみよう。**

C　どちらの話も登場人物は優しいけど、悲しい結末になっている。

（ペアで話し合う。）

C　どちらにも思い込みや勘違いがある。

T　というのは、どういうこと。誰か説明して。

C　どっちもきつねは悪いとか、鬼は悪いとか思いこんでいて、それで勘違いして悲しいことになっている。

C　ごんもおにたも悪いと決めつけられている。

T　なるほど、二つのお話の登場人物に本当に悪い人はいないんだけれど、相手に対して「悪い」という思い込みや決めつけが、悲しい結果につながっているんだね。

---

⬇女の子の見方が思い込みであることに気づかせよう。

⬇よし、ここで二つの作品の悲劇の原因の共通点について考えさせよう。まずは、自由に隣と話をさせよう。

⬇思い込みについてもう少し詳しく説明させよう。

最後にここまでの話し合いを教師が振り返って説明をし、子どもたちにまとめを書かせます。まとめは、「『ごんぎつね』と『おにたのぼうし』のにているところは、…。物語が悲しい結末になるのは、…。」という流れで書かせます。

出合ったばかりの物語「おにたのぼうし」からその人間関係を読み取って、他の物語「ごんぎつね」との共通点を考えていく活動自体は、やや高度です。子どもたちの課題意識が強化される手立てが必要でしょう。何に向かって話し合っているのか、その目標が見えないところで話し合いをさせようとすると、どうしても授業が教師の誘導的な展開になってしまいます。子どもたちは、活動の見通しがもてなければ、なかなか主体的になれません。

「おにたのぼうし」だけでなく、「泣いた赤鬼」などのハッピーエンドではない物語を集めて、その原因について各自で読んで考えたことを発表させるような展開であれば、それほど無理なく展開できます。最後に、「鬼やごんのことを決めつけている女の子や兵十について自分はどう思うか。」「自分だったら」のようなことについても考えさせる時間をとるとよいでしょう。

**【終末段階で子どもたちが書いたごんへの手紙の例】**

● 「ごんぎつね」と「おにたのぼうし」のにているところは、まず、おにたもごんもひとりぼっちで一人だということです。「おにたのぼうし」に出てきた女の子と兵十もにています。それは、病気にかかっている母さんを助けようとがんばっていることと、貧しいくらしをしていることです。

ごんは、かんちがいをして兵十にくりや松たけをおくりました。おにたもおなかをすかせている女の子をかわいそうに思い、料理をおくりました。兵十はごんのことをとても悪いきつねだと思いこんでいて、女の子もおにのことを悪いと思っています。

物語が悲しい結末になるのは、人間の相手を悪いと決めつける思いこみのせいだと思います。本当は悪くないのに、相手を勝手に悪いと決めつけてしまったら、決めつけられた人はすごくきずつきます。ごんもおにたも悲しかっただろうなと思います。

●「ごんぎつね」と「おにたのぼうし」のにているところは、見つからないように、ごんとおにたがいいことをしていたことや最後が悲しい結末になってしまったことです。

悲しい結末になってしまったのは、人間の思いこみだと思います。人間は、「○○は悪い」と決めつけています。悪くないのに、最初から悪いと決めつけられているから、「ごんぎつね」と「おにたのぼうし」は、最後に悲しい結末になったんだと思います。

わたしもたくさん「○○は悪い」と決めつけていることがあると思います。だから、最初から悪いと決めつけるのではなく、ちゃんとその人のことを見ないといけないと思いました。

子どもたちの多くは話し合いを通して、二つの物語の共通点に気づき、悲しい結末になった原因について記述することができます。そして、見つけた共通点から、自分の考えを見つめ直して書かせるようにします。

# おわりに

十年近く前、私が広島大学附属小学校に勤務していた頃、当時広島大学大学院の教授でいらっしゃった吉田裕久先生に研究授業についてご指導を仰ぐ機会に恵まれました。

私は、授業で取り扱う教材を決めかねていたのですが、ご指導いただく日も迫ってきたため、その学年で多くの先生方が実践研究される文学教材（「重要文学教材」）で指導案を作成しました。そして、吉田先生の元へお持ちしました。私は、実践をやり尽くされた感のあるその教材についてあまり面白さを感じていないこと、誰がどう読んでも同じような読み方になり、曖昧な感じで授業が終わってしまう気がすることを正直に吉田先生にご相談しました。

しかし、それは私の思い上がりでした。私の悩みに静かに耳を傾けていた吉田先生は、穏やかな口調で次のようにおっしゃいました。

「そんなことはありません。しっかりと読んでください。そうすれば、面白さがわかりますよ。」

私にとっては、過去に何度も子どもたちに指導した経験のある教材でしたが、吉田先生のご指導をきっかけに、改めて教材を読み直してみることにしました。それも、今までとは全く違う読み方で。指導者としてではなく、徹底的に読者として読みました。そして、自分の中で曖昧になっている部分や疑問に感じているところについて、文章中のことばをばらばらにしたり並べたりして考えてみました。

すると、今まで気づかなかった解釈が、私の中に生まれてきたのです。誰もが「当たり前」に感じていたイメージが違って見えるようになり、ぼんやりとした物語の世界が、一気に鮮明になりました。「読めたつもり」になっていた自分に気づきました。研究授業では、その場面を扱い、子どもたちにも私と同じような「見えなかったものが見える」体験をしてもらいました。

吉田先生にいただいたご指導をきっかけにして、私は教材を読むときの「視点」を学ぶことができました。教材の内容やその特性が読めるようになると、指導すべきことが明確になり、方法も決まります。(「決める」のではなく、必然的に「決まる」のです。)子どもたちの発言に対する私の聴き方も変わってきました。授業づくりにおける教材分析の大切さを改めて実感した次第です。この場をお借りして、ご多忙の中、いつも温かいご指導をくださる吉田裕久先生に心より感謝を申し上げます。

国語の授業づくりの難しさを感じている先生方は、全国にたくさんいらっしゃることでしょう。国語の授業づくりに悩んでいる先生方、国語の実践研究を志す先生方にとりまして、本シリーズとの出合いが、「見えなかったものが見える」きっかけになってくれればと願います。

最後に、本シリーズの出版にあたって、企画段階から温かい指導と励ましをいただいた明治図書出版の林知里様に深くお礼申し上げます。

立石　泰之

**【監修者紹介】**

実践国語教師の会

**【著者紹介】**

立石　泰之（たていし　やすゆき）

1972年，福岡県春日市に生まれる。東京学芸大学卒業。福岡県公立小学校教諭，広島大学附属小学校教諭を経て，現在，福岡県教育センター指導主事。全国大学国語教育学会，日本国語教育学会会員。全国国語授業研究会理事。

著書に，『読解力を育てる～言語活動の充実をどう図るか～』（東洋館出版社），『教科書教材の言葉を「深読みドリル」辞典～この一語で広がる教材の見方～』（明治図書），『「新たな学び」を支える国語の授業～思考力・判断力・表現力の育成を目ざして～』（三省堂），『読解と表現をつなぐ文学・説明文の授業』（学事出版）（いずれも分担執筆）などがあり，雑誌原稿として『教育科学国語教育』（明治図書）『学校教育』（広島大学附属小学校学校教育研究会）への掲載多数。



国語科重要教材の授業づくり

たしかな教材研究で読み手を育てる

「ごんぎつね」の授業

2015年8月初版第1刷刊 ©監修者 実践国語教師の会

2025年7月初版第9刷刊　著　者 立　石　泰　之

発行者 藤　原　久　雄

発行所 明治図書出版株式会社

http://www.meijitosho.co.jp

（企画）林　知里（校正）川村千晶

〒114-0023　東京都北区滝野川7-46-1

振替00160-5-151318　電話03(5907)6703

ご注文窓口　電話03(5907)6668

＊検印省略　組版所 株　式　会　社　カ　シ　ヨ



本書の無断コピーは，著作権・出版権にふれます。ご注意ください。



Printed in Japan　ISBN978-4-18-195113-9



もれなくクーポンがもらえる！読者アンケートはこちらから →

教材研究力×実践力＝子どもにたしかな読みの力を

超定番教材をどう授業するのか？――教材を分析・解釈する力＆指導方法を構想する力を高める読解の視点と各種言語活動を例示。それに基づく授業実践をもとに、子どもを読み手として育てる授業づくりに迫る。

# たしかな教材研究で読み手を育てる「ごんぎつね」の授業

【ごんぎつね】
立石泰之 著
A5判・176頁
本体価 2,100円＋税
図書番号：1951

国語科重要教材の授業づくりシリーズ

【大造じいさんとガン】
立石泰之 編 重廣 孝 著
A5判・160頁・本体価 2,000円＋税
図書番号：1952

# 「大造じいさんとガン」の授業

国語科教育研究に欠かせない一冊

# 国語科重要用語事典

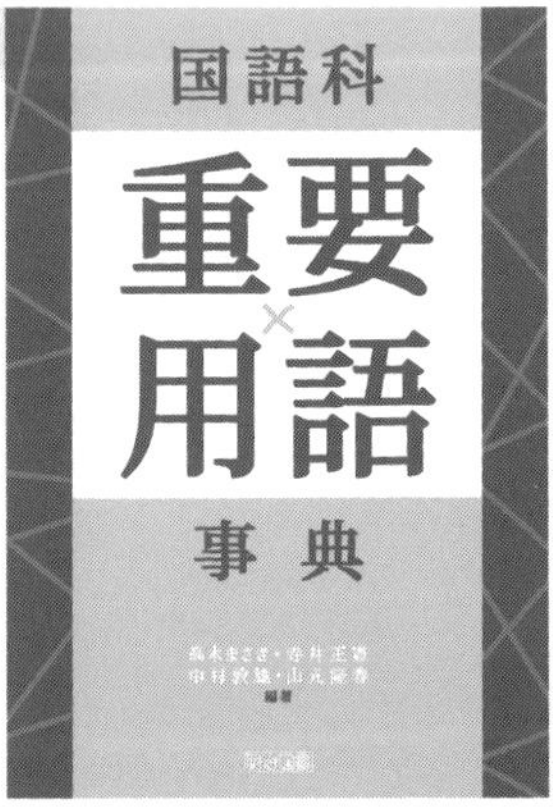


**高木まさき・寺井正憲・中村敦雄・山元隆春 編著**
A5判・280頁・本体価 2,960円＋税　図書番号：1906

国語教育研究・実践の動向を視野に入れ、これからの国語教育にとって重要な術語を厳選し、定義・理論・課題・特色・研究法等、その基礎知識をコンパクトに解説。不変的な用語のみならず、新しい潮流も汲んだ、国語教育に関わるすべての人にとって必携の書。

**掲載用語**

思考力・判断力・表現力／PISA／学習者研究／アクション・リサーチ／ICT の活用／コミュニケーション能力／合意形成能力／ライティング・ワークショップ／読者論／物語の構造／レトリック／メディア・リテラシー／国語教育とインクルーシブ教育／アクティブ・ラーニング　他、全252語を掲載

明治図書　携帯・スマートフォンからは **明治図書 ONLINE へ** 書籍の検索、注文ができます。▶▶▶
http://www.meijitosho.co.jp　＊併記４桁の図書番号（英数字）でHP、携帯での検索・注文が簡単に行えます。
〒114-0023　東京都北区滝野川７－46－１　ご注文窓口　TEL (03)5907-6668　FAX (050)3156-2790

＊価格は全て本体価表示です。